뿌리 깊은 나무처럼
공병호의 내공

뿌리 깊은 나무처럼

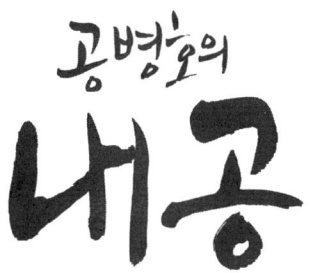
공병호의
내공

공병호 지음

• 프롤로그

흔들리지 않는 삶을 위하여

전문가로 우뚝 서게 되면 '뿌리 깊은 나무와 같은 인생'을 살 수 있을까? 이 책은 이런 질문에 대한 답을 찾아가는 과정에서 썼다.

돈, 명성, 시험 등에서 작은 성공 경험을 얻기 위해 열심히 노력하는 중이라면 어쩔 수 없이 포기해야만 하는 것이 있다. 일상의 소소한 즐거움이나 여유로운 생활이 주는 한가로움 같은 것 말이다. 상황이 이렇게 되고 보면 꼭 떠오르는 의문이 있다.

'꼭 이렇게 살아야 할까?'

누구나 당신이 언제나 최선을 다하는 사람이란 사실을 인정하고 있다고 가정해보자. 그때 주변 사람 중 누군가 "당신의 궁극적인 목표는 무엇이죠?"라고 물을 수 있다. 어쩌면 "그렇게 열심히 해서 앞으로 무엇이 되고 싶은가요?"라고 물을지도 모른다. 자신의 일에 전력을 다해온 사람이라면 이 두 가지 질문에 나름대로의 대답을 갖고 있을 것이다. 그리고 이런 사람에게는 "나는 직업인으로서 궁극적으로 어디를 향해 가고 있는가?"라고 자문했을 때 그 답이 자기 안에 있어야 한다.

자신이 목표로 삼았던 것을 이룬 사람들 중에 공허함이나 허탈감에 빠져 허우적거리는 경우가 종종 있다. 그런 경험을 하고 나면 어김없이 궁극적인 목표에 대한 의문을 갖게 된다.

《10년 법칙》이라는 책에서 나는 어떤 분야에서든 전문가로서 성공하기 위해서는 10년 정도의 집중적인 시간 투자가 선행되어야 한다고 말했다. 노력하는 사람들의 궁극적인 목적지는 '전문가' 혹은 '프로페셔널'이다. 어떤 분야에서 일하든지 시작할 때의 우리는 모두 초보자다. 경험이 쌓이면서 중급 수준의 전문가를 거쳐 어느 정도 인정받는 프로페셔널의 위치에 서게 된다. 전문가와 프로페셔널은 현재의 위치에서 큰 성과를 만들어내는 사람이므로 더 높은 성과, 즉 '하이퍼포머(high-performer)'에 그 목적을 둔다.

그런데 하이퍼포머에 대한 나의 생각이 조금 달라졌다. 이는 내 나름대로 직업 세계를 경험하고 또 다른 사람들을 지켜보면서 나타난 변화다. 단순히 뛰어난 전문가가 되는 것만 자신의 목적으로 삼는다면 일정 수준에 도달한 다음에도 처음의 열정과 패기, 추진력을 유지할 수 있을까? 그리고 더 높은 목표를 향해 계속해서 경주할 수 있을까? 그리고 자신의 노력이나 삶의 방식에 스스로 만족할 수 있을까? 이런 의문과 함께 자연스럽게 프로페셔널 그 이상의 목표가 존재해야 한다는 생각을 갖게 된 것이다. 이런 의문에 대한 답은 '달인(達人)', '고수(高手)', '현자(賢者)' 등의 단어와 다른 사람이 쉽게 따라올 수 없는 탁월한 경지에 도달하기 위해 필요한 능력이 무엇인가라는 또 다른 질문을 통해 찾을 수 있었다. 이런 고민 끝에 나온 개념이 바로 '내공(內功)'이다. 분야에 상관없이 '내공을 가진 사람'으로 성장하는 일은 끊임없는 구도의 길에 비유할 수 있다. 어쩌면 그것은 우리가 다다라야 할 목적지라기보다 걸어야 할 길, 여정에 가깝다.

 삶의 궁극적인 지향점이나 목적지를 '내공'에 두면, 지금 하고 있는 일과 관련해 예술적인 미적 감각을 갖추게 된다. 이런 경지를 향해 나아가는 사람들은 처음에는 결과나 성과에 연연해하지만 어느 지점을 지나면서 중요한 것은 과정 그 자체를 즐기는 것이라는 확신을 갖는다. 물론 이 과정에서 커다란 성과를 얻기도 한다. 나는 그런 내공을 갖춘다는 것이 과연 무엇이며, 이를 위해 반드시 해야 할 것이 무엇인지를 이 책에서 보여주고 싶었다. 즉, '뿌리 깊은 나무'로 거듭나는 방법을 제시하고자 하는 것이다.

 이 책은 모두 5부로 구성되어 있다. '끊임없이 성장하는 사람들'이란 제목의 1부에서는 우리가 추구해야 하는 궁극적인 지향점이 어디인지, 그 지향점의 특징은 무엇인지, 또 그 특징을 만들어내는 데 성공한 주역들은 어떤 공통점을 가졌는지 살펴보려고 한다. 독자는 여기서 자기 자신을 되돌아보고 주변 사람 가운데 가장 근접한 모델이 누구인지 생각해볼 수 있을 것이다.

2부에서는 '내공이란 무엇인가'에 대해 상세히 설명한다. 모호하고 추상적인 개념을 실전에 적용 가능할 정도로 구체적으로 묘사했다. 독자 중에는 책을 읽으면서 자신도 그런 체험을 했다고 말하는 사람도 있을 것이다. 이처럼 이미 내공을 가진 사람은 한 걸음 더 성장하기 위해 무엇이 필요한지 간단한 단상을 정리해보는 것도 좋겠다. 그리고 내공의 핵심을 세 가지로 정리하여 그 핵심을 대표하는 인물과 그들의 상황을 스케치하듯 보여주려고 했다. 물론 그 상황의 이면에 있는 내공의 특성까지 낱낱이 제시할 수는 없지만 독자는 나름의 판단을 통해 눈에 보이지 않는 특성을 추측해볼 수 있을 것이다.

3부에서 5부까지는 '내공을 키우는 3단계'를 소개할 것이다. 실제로 내공을 키우기 위해 개인이 선택할 수 있는 방법이나 수단, 도구를 제시한다. 모두 3단계에 걸친 17가지 방법이다. 실전에 직접 적용하는 데 대부분 무리가 없을 거라고 본다.

아무쪼록 이 책과의 만남을 통해 프로페셔널의 수준을 훌쩍 뛰어넘어 내공을 갖춘 인재로 발전해, '뿌리 깊은 나무와 같은 삶'을 사는 초대형 인생 프로젝트에 꼭 성공하기를 바란다.

2009년 10월

공병호

· · 차례

프롤로그 흔들리지 않는 삶을 위하여 _ 4

제1부 끊임없이 성장하는 사람들

1장 당신은 목적지를 알고 있는가 _ 13
2장 과정에 집중하는 사람들 _ 19
3장 직업인의 끝은 어디인가 _ 25
4장 경험이 자산이다 _ 37
5장 내공인만이 가지고 있는 10가지 _ 43

제2부 내공이란 무엇인가

1장 내공은 과연 존재하는가 _ 51
2장 내공의 의미 _ 61
3장 내공은 문제 해결력이다 _ 66
4장 내공은 자신만의 감각이다 _ 86
5장 내공은 창조력이다 _ 109

제3부 내공, 결코 멈추지 않는 동력

1장 풍부한 경험을 쌓아라 _ 135
2장 지속적인 추진 동력을 확보하라 _ 142
3장 목적지를 다시 단장하라 _ 153

4장 체계적으로 학습하라 _ 161
5장 자기만의 학습 방법을 만들어라 _ 168
6장 자기만의 스타일을 찾아라 _ 175

제4부 내공이 자신만의 특성을 만든다

1장 계속 실험하고 도전하라 _ 183
2장 시행착오를 감내하라 _ 188
3장 차별성을 만들어라 _ 193
4장 지식 공장을 세워라 _ 199
5장 끊임없이 정교화하라 _ 206
6장 자기 자신에 대해 배워라 _ 211

제5부 내공으로 성공의 페달을 밟다

1장 계속해서 성과로 말하라 _ 219
2장 생산 과정을 체계화하라 _ 224
3장 끊임없이 정진하라 _ 229
4장 스스로를 마케팅하라 _ 234
5장 항상 도약을 준비하라 _ 240

에필로그 '꽉 찬 인생'과 '영원한 현역'을 향하여 _ 245
참고도서 _ 248

제**1**부

끊임없이 성장하는 사람들

어느 분야에서 일하고 있든지 간에 직업인의 삶에는 일정한 '성장곡선(혹은 성장 패턴)'이 존재한다. 이는 초보자를 거쳐 중급자, 중급자에서 전문가, 그 후에는 전문가를 뛰어넘어 더욱 높은 경지에 도달하는 과정을 말한다. 여기서는 이러한 과정을 거쳐 최고의 위치에 오른 사람들의 경험, 그들이 최종적으로 도달하고자 하는 목적지, 그리고 그 특성에 대해 알아보려고 한다. 또한 이런 사실이 직업인에게 어떤 의미를 주는지에 대해서도 살펴보겠다.

1장
당신은 목적지를 알고 있는가

학교생활을 끝내고 첫 직장에 출근했을 때의 기분을 기억하는가? 대부분은 설렘과 기대감, 두려움이 한데 뒤섞인 미묘한 감정을 느꼈을 것이다. 그 후로 몇 년의 시간이 흘렀는가? 현명한 사람들은 되도록 뒤를 돌아보지 말라고 한다. 하지만 이따금 그때의 일이 떠오르는 것은 어쩔 수 없다. 돌이켜보면 제대로 준비된 것 하나 없는 청춘이었다. 그럼에도 어떻게 여기까지 올 수 있었는지 신기하다는 생각도 든다.

하나씩 하나씩 새로운 경험을 하고, 실수나 실패를 극복하고, 선배에게서 배우고, 책을 읽거나 강의를 들으며 자신의 경력을 관리해온 사람들은 스스로를 대견하고 자랑스럽게 여길 것이다. 개중에는 이룬 것 하나 없이 그냥 세월만 흘려보냈다며 아쉬움을 토로

하는 사람도 있을 것이다.

  사람은 저마다 다양한 배경을 가지고 있다. 한 직장에서 꾸준히 근무하며 프로젝트의 성공과 승진 등으로 경력을 쌓기도 하고, 이미 몇 번의 전직을 통해 현재의 직장에 자리 잡은 경우도 있을 것이다. 또 전직을 위해 이곳저곳 알아보는 사람이나 자기 사업을 시작한 사람도 있게 마련이다. 이처럼 모두는 각자 다른 상황에 처해 있다. 하지만 이들에게는 공통점이 있다. 어떤 분야에서 일하든지 모두 이 사회에서 성공하기 위해 노력 중이라는 점이다.

  사람들은 학교에서 배운 지식이나 자격증과 학위 이외에 별다른 경험 없이 직업 세계에 첫발을 내딛는다. 그야말로 초보자인 셈이다. 그러나 시간이 흐르면서 그들 사이에는 격차가 생긴다. 착실하게 노력하여 성장을 거듭한 사람은 중급자를 거쳐 타인으로부터 인정받는 전문가의 대열에 서게 되지만, 그렇지 못한 사람도 많다.

  누구든 처음에는 초보자로 일을 시작한다. 그 후 여러 경험을 하면서 일을 제대로 처리할 수 있는 수준에 이르면 중급자의 단계에 도달했다고 말한다. 중급자에게 노력과 경험, 재능이 더해지면 일부는 상급자, 즉 숙련자 혹은 전문가로 불리는 단계로 이동한다. 물론 그들 모두에게 가능한 일은 아니다. 그리고 이 전문가 단계에서 계속 노력하면 드물게 그 이상의 경지에 도달하는 소수의 사람이 등장한다. 이들은 때때로 명장이라고도 불리는데, 이 단계에 도달한 사람은 손에 꼽을 정도로 드물다. 각 단계는 해당하는 사람의 능력에 따라 상중하로 구분할 수 있고, 이를 보다 세분화한 단계로 나눌 수도 있다.

이때 단계별 성장은 일차함수의 그래프처럼 지속적이고 일정한 상승세를 보이지 않는다. 각 단계에서 아주 조금씩 성장하다가 어느 지점에 이르면 이차함수처럼 크게 도약하면서 다음 단계로 이동한다. 각각의 단계에서 도약에 성공한다고 해도 그다음에는 일정 기간 동안 완만한 성장세를 보이는데, 이것이 가장 흔하게 볼 수 있는 '직업인의 성장곡선'이다.

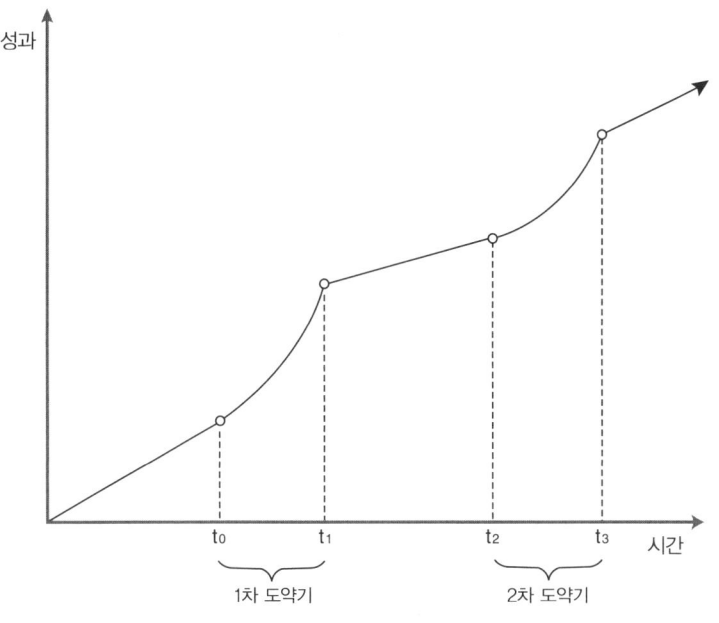

직업인의 성장곡선

여기서 잠시 자신에게 몇 가지 질문을 던져보자. 학교를 졸업하고 몇 년의 시간이 흘렀는가? '직업인의 성장곡선'에서 현재 자신의 위치가 어디쯤이라고 생각하는가? 그리고 지금의 위치에 대해 "더 올라갈 수 있었을 텐데"라는 아쉬움이 드는가? 그렇다면 그 원인은 무엇인가? 이 질문들의 답을 생각하다 보면, 그동안 당신이 걸어온 길을 정리할 수 있을 것이다.

이 글을 쓰면서 나 역시 20여 년 전 직업 세계에 첫발을 내디뎠던 순간을 떠올려보았다.

졸업 사실을 증명하는 졸업장, 몇 편의 논문과 글을 써본 경험, 그리고 학업 과정에서 잡다하게 쌓은 지식을 가지고 익숙하지 않은 분야에 뛰어들었던 한 젊은이가 있었다. 20대 후반에 낯선 길로 들어섰던 그 젊은이는 어느새 주변 사람들에게 그 길에서만큼은 '전문가'라고 인정받는 중년이 되었다. 그는 앞에서 언급한 '직업인의 성장곡선'을 착실하게 따라왔다. 전문가로서 자리를 잡은 후에는 상중하의 단계 가운데 가능한 한 상으로 옮겨가기 위해 노력했다. 그러면서도 그다음을 위해 늘 고민했다.

지금껏 앞만 보고 무작정 달리다 보니 그만큼 실수나 실패도 많았다. 하지만 수많은 경험을 쌓으면서 자신만의 길을 개척해가고 있다. 만약 처음 직업 전선에 뛰어들었을 때, 초보자에서부터 전문가를 넘어 그 이상으로 나아가는 방법을 제대로 정리한 책을 만났다면 내가 추구한 목적지에 보다 빨리 도착할 수 있었을지 모른다. 또한 실수와 실패에 따른 아픈 기억을 줄일 수 있었을 것이고,

시간과 에너지도 절약할 수 있었을 것이다. 무엇보다 효과적으로 필요한 능력들을 개발할 수 있었을 텐데 하는 아쉬움이 남는다. 그런 이유로 이 책을 쓰게 되었다.

피터 드러커의 인생을 책으로 정리하면서 이재규 전 대구대 총장은 드러커에게 다음과 같은 인상적인 질문을 던졌다.

"박사님이 어릴 때 필리글리 신부님이 학생들에게 한 질문, 그리고 슘페터 교수의 임종 장면에서 박사님의 부친과 슘페터가 나눈 대화, 즉 '당신은 나중에 어떤 사람으로 기억되기를 바랍니까?'라는 것과 관련된 에피소드는 한국의 독자들에게 좋은 화두가 되고 있습니다(이어령 교수가 고별 강연에서 이 에피소드를 인용했다). 박사님 자신은 어떻게 기억되기를 바랍니까?"[1]

이 질문에 대한 피터 드러커의 간단하지만 명료한 대답은 그가 살아가는 이유를 짐작하도록 해주는 멋진 문장이라고 생각한다.

"사람들이 목표를 달성하도록 도와준 사람으로 기억되기를 바랍니다."

직업인으로 살아가면서 "사후에 어떤 인물로 기억되기를 원하는가?"라는 질문을 자신에게 던지는 것만으로도 우리는 삶의 많은 부분에서 변화를 경험할 수 있을 것이다. 이런 면에서 볼 때 피터 드러커는 직업인의 성장에 대해 천금을 주고도 살 수 없는 지혜를 어린 시절 선생님에게서 배웠다고 할 수 있다. 이런 깨우침

이 피터 드러커의 성공에 큰 역할을 했을 것이다.

이 책은 직업인으로서 추구하는 목표를 효과적으로 달성할 수 있는 방법을 정리한 것이다. 그것도 단순히 전문가로 성공하는 데 그치는 게 아니라 전문가를 넘어 그 이상의 목적지에 도달하는 방법을 다루고 있다. 직업인에서 나아가 인생의 길에서 어디를 목적지로 두어야 하며, 가능한 시행착오를 줄이면서 그곳에 도달할 수 있는 효과적인 방법이 무엇인지 알고 출발한다면 그만큼 방황의 시간을 줄일 수 있지 않겠는가! 바로 그런 점에서 이 책이 여러분에게 도움이 되기를 바란다.

2장

과정에 집중하는 사람들

직업인이라면 누구든지 성과를 창출해야 한다는 명제로부터 자유로울 수 없다. 직업인은 우선 자신에게 요구되는 성과를 만들어내고, 그 결과에 대해 책임을 져야 한다. 당신이 세일즈 분야에 종사하고 있다면 성과는 숫자로 표시되어 한눈에 드러난다. 또한 당신이 여러 명의 부하직원과 함께 일하는 임원이라면 성과를 내야 한다는 묵직한 부담감에 시달리고 있을 것이다.

    나는 조직에 속해 있는 사람에 비해 상대적으로 자유로운 직업을 가지고 있다. 물론 고객의 일정이나 계획에 따라 크게 영향을 받지만, 규칙적으로 사무실에 출근할 필요가 없고 누군가의 지시를 받지 않아도 된다는 점에서 자유롭다. 또한 다른 사람을 의식하지 않고 내 의지로 조정할 수 있는 시간을 가지고 있다는 점에서 자유인임에 틀림없다. 그러나 성과를 만들어내야 한다는 과중한 부담으로부터 자유로웠던 적은 한번도 없다. 그만큼 자유에는 책임이 따르게 마련이다. 돌이켜 생각해보면 학교를 다닐 때도 늘 높은 학업 성과를 내야 한다는 중압감에 시달렸다. 물론 이런 중압감을 스트레스로 받아들일 것인가, 성취동기로 받아들일 것인가는 별개의 문제다. 하지만 성과에 대한 중압감은 단순히 무겁다는 느낌 그 이상의 것이다.

예를 들면 지금 읽고 있는 이 책은 교과서가 아니다. 교과서가 가진 틀에서 벗어나 저자의 지식과 상상력을 바탕으로 만들어낸 결과물이다. 흰 백지에 아이디어를 스케치한 다음 간단한 설계도를 그리듯 먼저 글의 진행 방향에 따른 전체적인 구조를 짜고, 그다음에 벽돌을 쌓듯 차근차근 완성해가는 것이 책이다. 글이란 것이 실타래가 풀리듯 술술 나오지 않기 때문에 멈추었다가 쓰기를 반복하게 되는데, 멈춰 서 있는 동안에는 인내심을 갖고 그 시간을 잘 이겨내야 한다. 또한 이 일에는 마감 시간이 엄격하게 정해져 있다. 설사 예상치 못한 일이 닥친다 해도 그 마감 시간만큼은 엄수해야 한다. 그래서 이따금 "휴, 매일 새로운 무엇을 만들어내야 하는 나란 사람도 참으로 딱하다"라는 푸념을 나 자신에게만 털어놓기도 한다.

이처럼 다른 사람의 눈에 근사해 보이는 직업도 성과 창출의 부담감과 그 책임감으로부터 결코 자유로울 수 없다.

그렇다면 성과는 어떻게 만들어지는가? 여기서 우리는 두 가지에 주목해야 한다. 하나는 성과 그 자체에 초점을 맞추어야 하고, 다른 하나는 성과를 만드는 프로세스에 초점을 맞추어야 한다. 성과를 만들어내는 데 따른 스트레스를 줄이고 싶다면, 성과에 대한 가중치를 줄이고 과정에 대한 가중치를 올려 잡으면 된다. 이는 일을 처리하는 방법이나 인생을 사는 방법과 밀접한 관련이 있다. 결과에 연연하는 사람은 같은 일을 하더라도 스트레스를 많이 받는다. 하지만 결과를 염두에 두면서도 그 과정에 관심을 갖고 이를 개선하기 위해 노력하는 사람은 일 자체를 즐기게 된다. 자신의 분야에서 어느 정도 입지를 굳힌 사람들을 보면 대부분 이 같은 삶의 태도를 갖고 있다. 즉, 성과라는 결과물을 아예 배제할 수는 없지만, 성과를 창출하는 프로세스에 더 많은 관심을 가지라는 것이다.

당신은 NATO라는 단어를 들어본 적이 있는가? 여기서 NATO라는 단어는 Not Attached To Outcome, 즉 "결과에 집착하지 말라"는 뜻이다. 케네스 블랜차드와 윌리 암스트롱이 쓴 《멀리건 이야기》에 나오는 용어다. 골프를 즐기는 한 아마추어 골퍼가 자신의 성과를 높이기 위해 어떻게 해야 할까 고민하다가 나름대로 정리한 것으로, 공을 치기만 하고 좋은 점수에는 관심이 없다는 이야기가 아니다. 공을 칠 때 한 타 한 타를 잘 쳐야 한다는 생각에 지나치게 매달리다 보면 '이번에 실수하면 어떻게 하나'라는 두려움이 생긴다. 이때부터 머릿속에는 부정적인 생각이 프로그래밍되기 시작한다. 이를테면 '이번에 치는 공은 물웅덩이에 빠지면 안 돼, 정말 조심해야 해', '절대 OB(실수)가 나와선 안 돼'라는 식으로 말이다. 그러면 뇌는 부정적인 그림과 긍정적인 그림을 구분하지 못하고 '……하면 안 돼'라는 말을 '물웅덩이에 빠뜨려'라는 식으로 알아듣게 된다. 우리는 이런 일을 중요한 시험을 보거나 프리젠테이션을 할 때 흔히 경험하게 된다. 그러나 실전을 연습처럼 연습을 실전처럼 편안한 마음으로 대하는 사람은 큰 두려움 없이 자신의 실력을 십분 발휘할 수 있다. 결과에 연연하지 않고 과정 자체를 즐기는 사람은 좋은 결과까지 얻게 된다는 말이다.

그래서 나는 일을 처리하는 과정에 많은 관심을 갖게 되었다. 이 같은 삶의 태도는 성과 달성에 따르는 스트레스를 줄이고, 중·장기적으로 자신의 기량을 향상시키기 위한 방법을 찾는 데 큰 도움이 된다.

영국의 경제평론가 찰스 핸디의 저서에는 생전에 그다지 인기를 끌지 못하였지만 사후에 주목받은 한 작가의 이야기가 소개되어 있다. 2002년에 운명을 달리한 존 제롬(John Jerom)은 생전에 수영, 산, 날씨, 석벽 축조 등에 대해 매우 심오한 글들을 쓴 미국의 논픽션 작가다. 그 역시 자신의 책이 많이 팔리지 않자 글을 쓰는 일이 생계에 크게 도움이 되지 않는다며 고민했다고 한다. 그런데 어느 날부터 그는 자신의 책 쓰기를 과정에 충실해야 하는 일로 받아들이게 된다. 〈뉴요커〉에서 일하는 그의 처남 브루스 맥콜은 존 제롬 사후에 기고한 〈뉴욕타임스〉의 '북 리뷰'에서 매형인 존 제롬이 성과에 연연하지 않음으로써 어떻게 삶을 다시 일으켜 세울 수 있었는지 이렇게 술회하고 있다.

한동안은 책을 쓰는 이유가 팔리지 않은 데 대한 보상심리가 아닐까 싶을 정도였습니다. 집필 주제를 그야말로 순수한 주제로 마음껏 바꿨습니다. 자신이 사는 세상을 스스로에게 설명하는 내용이었죠. 이런 결정을 내리자 집필 활동에 매진할 수 있었습니다. 인기에 연연하지 않고요.[2]

우연히 기업의 사보를 뒤적거리다가 행정자치부와 한국신지식인협회가 인증하는 '2007년 금융 분야 신지식인'에 오른 보험설계사의 성공 스토리를 읽게 되었다. 6년간 금속공학을 공부하고 대기업에서 근무하다가 다시 2년간의 준비 기간을 거쳐 2005년 3월 교보생명의 FA로 전직한 김인교 씨의 기사였다. 새로운 분야에 입문한 그가 사용한 방법은 '계약'은 성과가 아닌 '활동', 즉 과정이라는 마음가짐이었다. 이런 생각에서 그는 활동 중심으로 목표를 세우고, 이를 달성하기 위해 전력을 다하게 되었다고 한다.

AP(초회 면담), P&C(프레젠테이션 & 클로징), 증권 전달을 각각 1포인트라고 할 때 확률적으로 일주일에 15포인트 이상을 달성하면 3W(주당 신계약 횟수), 20포인트면 5W, 25포인트일 땐 7W를 달성할 수 있더라고요. 저는 먼저 25포인트를 채우는 것을 목표로 삼았어요.[3]

그는 금요일 저녁이든 주말이든 상관하지 않고 인풋(투입 활동)을 관리하는 방식으로 목표 활동량 25포인트를 채우기 위해 노력했다. 그렇게 꾸준히 목표 활동량을 달성하다 보니 계약은 저절로 따라왔다. 이것을 '활동량 지표관리 시스템'이라고 불렀는데, 그는 6개월 만에 20주 연속 7W 달성, 7개월 만에 MDR('100만 달러 원탁회의'의 약자로 생명보험 판매 분야에서 명예의 전당을 뜻함)에 자신의 이름을 올리고 50주 연속 5W, 100주 연속 3W의 기록을 세우게 된다.

세일즈뿐 아니라 어떤 분야의 직업인이라도 성과를 만들어내야 하는 압박감을 느끼게 마련이다. 그때 결과가 아니라 과정에 집중하면 원하는 결과에 가까이 다가설 수 있다. 그러나 안타깝게도 대부분의 사람은 눈앞의 성과에 연연해 당장 그것을 달성하느냐 못 하느냐에 따라 웃고 우는 일을 반복한다.

초보자일 때부터 바람직한 성과를 가능하게 만드는 프로세스에 관심을 갖고 자신만의 특별한 프로세스를 만들어보자. 그러면 누구나 기대한 만큼의 성과를 창출해내는 유능한 사람으로 성장할 수 있을 것이다. 요컨대 이 책이 직업과 인생의 길에서 성공에 이르는 프로세스의 개선과 혁신에 도움을 줄 수 있길 바란다.

3장

직업인의 끝은 어디인가

"뛰어난 성과를 거두는 사람이 되자." 과연 직업인의 목표는 이것이 전부일까? 당신이 계속 뛰어난 성과를 거둔다면 세속적인 의미에서는 성공한 사람이 될 수 있다. 돈을 많이 벌 수도 있고, 유명세를 누릴 수도 있으며, 권력을 가진 사람이 될 가능성도 있다. 그리고 우리가 상식적인 수준에서 '성공'이라고 부르는 목적지에 도달하게 된다. 소수의 특별한 사람을 제외한 대부분의 직업인은 성공 그 이상을 생각해본 적도 없고 생각할 수도 없을 것이다. 한마디로 사치스러운 이야기라고 일축해버릴 수 있다. 하지만 현실적으로 그 문제는 그리 간단하지 않다.

세속적인 의미에서의 성공을 거둔 사람 가운데는 종종 자신의 결과에 만족감을 느끼지 못한 채 방황하는 경우가 있다. 성취 이

후 자신이 하는 일을 지루해하거나 따분해하는 사람을 두고 하는 이야기다. 사람은 구체적인 목표를 달성한 다음에도 계속해서 새로운 목표를 세우고 그것을 이루기 위해 노력한다. 자신이 세운 구체적인 목표를 모두 달성했다고 해서 "이제 모든 것을 얻었으니 더 이상 추구할 만한 목표가 없다"고 말하는 사람은 드물다. 아마 그런 이야기를 하는 순간부터 따분함과 지루함이 몰려들 것이다. 사람은 새로운 것에 대한 기대를 포기하는 순간부터 열정이 식고 행복을 느끼지 못하는 존재다.

나는 아직 성공이라고 부를 만한 위치에 도달하지 못했지만 항상 "지금 어디쯤 가고 있는 걸까?"라는 질문을 스스로에게 던지곤 한다. 가장 두려워하는 것 중 하나가 내 일에 권태감을 느끼는 것이다. 그리고 반복되는 일에 익숙해져 열정을 잃어버리지 않을까 걱정스럽다. 내가 지금 하고 있는 일을 지루하게 느낀다면 머지않아 내 강연과 책을 접하는 청중이나 독자도 지루함을 느끼게 될 것이기 때문이다.

그래서 앞으로 어떤 기회가 주어지더라도 부와 명성, 권력 등 세속적인 것을 더 얻기 위해 진짜 소중한 것을 희생하고 있지는 않은지 짚고 넘어가려고 한다. 그동안 몇 차례의 전직을 통해 나는 그 가치를 따질 수 없을 만큼 귀한 교훈을 얻었다. 물론 내 이야기가 사치스러워 보일 수도 있을 것이다. 하지만 누구에게나 그런 선택의 순간에 직면할 가능성은 항상 열려 있다.

얼마 전 '핫오어낫(HOT or NOT)'의 공동창업자로 큰 성공을 거둔 제임스 홍의 인터뷰 기사를 본 적이 있다. "벤처 창업가에게 성공의 원동력은 무엇이라고 생각합니까?"라는 질문에 그는 세속적인 의미의 성공인 돈을 추구하지만 궁극적으로는 자신의 흔적을 남기고 싶다는 이야기를 담담하게 털어놓았다. 이것은 벤처 창업자에게만 해당되는 이야기가 아니라 모든 직업인의 소망이기도 하다. 물질적인 성공 그 이상의 세계를 향해 나아가고 싶다는 그런 소망 말이다.

사업가는 누구나 돈을 벌고 싶어 한다. 단지 돈을 벌 목적으로 일하는 건 아니지만, 돈을 벌고 싶어 하는 건 사실이다. 성공을 측정하는 기준이 결국은 돈이기 때문에 성공했느냐 아니냐 하는 것 역시 그 액수의 크고 작음에 따라 결정된다. 그와 더불어 사업가들은 누구나 자신의 발자취를 남기고자 한다. 세상에 흔적을 남기고 자기 인생이 의미 있었다고 느끼고 싶어 하는 것이다.

벤처 창업가들은 아이디어를 사랑하고 새로운 것을 만들고 세상에 또 다른 가치를 창조하고자 하는 사람들이다. 말하자면 자아를 만족시키고 "의미가 있었다"고 이야기하고 싶은 것이다. 이것이 빌 게이츠, 비노드 코슬라(Vinod Khosla) 등이 자선사업을 하는 데 많은 시간을 투자하는 이유다. 그들에게 돈은 목적이 아니다. 카네기는 인생의 후반기를 자선사업을 하면서 보냈다. 그는 사람들에게 돈을 벌면 다른 사람을 위해 사용하는 거라고 가르치기 위해 노력했다. 그것이야말로 자아를 만족시키는 진정한 일의 시작이기 때문이다.[4]

우리는 자신이 향해 가고 있는 삶의 목적지를 항상 염두에 두어야 하는데, 이 일은 결코 쉽지 않다. 또한 사회의 구성원으로서 대다수가 올바르다고 생각하는 사회의 일반적 통념이나 상식에서 벗어나기 힘들다. 대부분의 사람들이 높게 평가하는 가치나 판단에 휘둘리지 않고 주체적으로 생각한다는 건 쉬운 일은 아니다. 그래서 이와 같은 고민을 보다 일찍 시작할 기회를 가진 사람은 행운아다.

열 살의 어린 나이에 "여러분은 죽고 나서 다른 사람들에게 어떤 사람으로 기억되기를 바라는가?"라는, 평생 가슴에 새겨질 질문을 받았던 피터 드러커는 행운아임에 틀림없다. 이 질문은 당시 종교 수업을 들었던 모든 학생에게 똑같이 한 것이다. 하지만 그들 가운데 이 질문을 소중하게 간직한 학생이 몇 명이나 될까? 이 질문을 평생 삶의 푯대로 삼았던 드러커는 참으로 현명한 인물이다.

필리글리 신부는 학생들에게 질문을 던지며 그것이 각자에게 주어진 인생의 숙제라는 사실을 분명하게 밝혔다. 그리고 "나는 너희가 지금 이 질문에 대답할 수 있다고 기대하지 않는다. 그러나 너희가 50세가 될 때까지도 여전히 이 질문에 대해 대답할 수 없다면, 너희는 인생을 헛산 것이 될 거야"라고 덧붙였다.

이재규 전 대구대 총장은 피터 드러커와 만난 자리에서 필리글리 신부의 조언에 대해 물었는데, 그는 "말년이 되어서도 항상 스스로에게 그 질문을 계속하고 있다"고 대답했다.

죽은 뒤 어떤 사람으로 기억되기를 바라는가? 이것은 당신 자신을 거듭나도록 만드는 질문이기도 하다. 왜냐하면 그것은 당신으로 하여금 당신 자신을 다른 사람처럼 보도록 압력을 가하기 때문이다. 당신이 앞으로 '될 수 있는' 사람으로 보도록 말이다. 만약 당신이 행운아라면, 당신은 인생의 초기에 필리글리 신부와 같은 도덕적 권위를 갖춘 사람을 만나게 될 것이고, 그 사람의 질문은 당신이 살아가는 내내 자기 자신을 되돌아보게 해줄 것이다.[5]

당신은 어떤지 모르겠지만, 젊은 시절의 나는 스스로에게 그 질문을 한 기억이 없다. 직업인이 된 초년부터 중급을 거쳐 전문가의 과정을 향하는 도중에는 우선 '잘되고 싶다', '이 분야에서 전문가로 입신하고 싶다', '이름을 남길 수 있는 인물이 되고 싶다'라는 생각이 지배적이었다.

어느덧 조직을 떠나 나만의 길을 개척한 지 만 9년째에 접어들었다. 그리고 언제부터인가 탁월한 성과를 만들어내는 전문가가 되는 길이 중요하긴 하지만 그것이 전부가 아니라는 생각을 하게 되었다. 단순히 성과나 역량이란 측면에서 뛰어나거나 우수하거나 탁월하다는 의미를 넘어서는 직업인의 목적지가 분명히 존재할 거라는 생각을 갖게 된 것이다. 한마디로 세속적인 의미의 성공을 넘어설 수 있어야 한다는 믿음이 생겼다.

그런 의미에서 이 책은 전문가를 넘어서 그 이상의 세계를 향해 인생의 문을 열어두어야 한다는 주장과 그 방법을 제시하고 있다고 자신한다. 그런 경지에 도달하거나 근접한 사람이 어떤 특징을 가졌는지 차근차근 살펴보겠지만, 이런 사람을 두고 나는 '일가를 이룬 사람', '자기 분야에서 한 획을 긋는 데 성공한 사람', '문리(文理)를 터득한 사람' 등으로 표현한다. 또한 이런 사람을 두고 내공을 가진 사람이란 의미에서 '내공인'이라는 용어를 사용하기도 한다(이 책에서는 달인이나 고수, 명장 대신에 '내공인'이라는 용어를 사용하려고 한다. 신조어처럼 보이지만 개인적으로 목적지와 관련하여 가장 적합한 용어라고 생각한다).

이를 어떤 식으로 표현하든지 단순히 잘 먹고 잘 입고 잘 사는 수준이 아니라 그것을 뛰어넘은 특별한 상태를 지향할 때 우리는 세속적인 의미의 성공뿐 아니라 지속적인 만족감과 내적 성장을 체험하면서 살아갈 수 있다.

그러면 직업인의 목적지가 과연 어떤 곳이어야 하는지 생각할 수 있는 사례를 살펴보자. 지금까지 읽었던 개인의 일대기를 기록한 책 가운데 가장 강한 인상을 받았던 것이 피터 드러커의 자서전이다. 이 책에는 그의 삶에 지대한 영향을 미쳤던 인물과의 만남이 상세히 소개되어 있는데, 직업인의 삶과 관련해 다음 두 가지 사례를 주목할 필요가 있다.

하나는 드러커가 1940년대에 만났던 리처드 벅민스터 풀러 (Richard Buckminster Fuller, 미국의 디자이너, 건축가, 시인, 미래전문가, 발명가. 테크놀로지의 위대한 예언자이자 전도사로 불린다)와 마셜 맥루언 (Herbert Marshall Mcluhan, 캐나다 출신으로 《미디어의 이해》의 저자이자 대표적인 미디어 이론가 및 문화비평가이며 미국 미디어 팝의 대부)을 통한 깨달음이다. 이들의 삶은 조금 극단적이긴 하지만 직업인으로서 깊이 새겨둘 만한 삶의 방식임에 틀림없다.

버키 풀러와 마셜 맥루언은 내게 한 가지 목표에 정진하는 것이 얼마나 중요한지를 실례로 보여준 사람들이다. 한 가지 일에만 전념하는 사람만이 진정으로 어떤 것을 이룰 수 있다. 나를 포함해 나머지 사람들은 좀 더 다양한 재미를 즐기기는 하겠지만 시간을 그저 흘려보낸다. 하지만 풀러나 맥루언 같은 사람은 '사명'을 수행한다. 어떤 일이 달성될 때마다 나는 그것이 사명감을 갖고 한 가지에 정진하는 사람들이 해낸 일이라는 것을 배웠다.
한 가지에만 전념하는 사람이 성공하기란 쉽지 않다. 대부분은 길도 없는 황무지에 자신의 하얀 뼈만 남기기 십상이다. 그러나 하나의 사명 대신 다양한 관심을 지닌 나머지 우리는 분명히 실패하고 아무런 영향도 끼치지 못한다.[6]

다른 하나는 피터 드러커가 4학년 때 담임을 맡았던 미스 엘자와 미스 소피와의 만남에서 배웠던 교훈이다. 피터 드러커는 똑같은 일을 하더라도 어떤 사람은 반복하는 것으로, 어떤 사람은 늘 새로움을 추구하는 것으로 다르게 받아들일 수 있다는 사실을 알게 되었다. 당시 아직 어린 학생이었던 그는 그런 현상의 본질에는 자신이 하고 있는 일에 대한 권태감이 중요한 역할을 하고 있다는 사실을 깨닫는 순간 무척 놀랐다고 한다. 어떻게 똑같은 일이 어떤 사람에게는 권태로운 것으로, 또 다른 사람에게는 새로움이 가득 찬 것으로 받아들여질 수 있을까? 그는 이들과의 만남이 자신에게 미친 영향을 이렇게 회고한다.

> 미스 엘자와 미스 소피에 대한 기억이 없었다면, 나는 내 자신을 연마하는 데 게을러졌을지도 모른다. 아마 내가 다른 사람을 지루하게 만든다는 사실에도 신경조차 쓰지 않았을 것이다. 이런 현상은 전문적인 작가가 별생각 없이 빠져들게 되는 위험이다. 나는 자신을 지루하게 만들 수 있는 위험을 감당하고 싶지 않았다. 하지만 김나지움의 선생들은 분명 그런 위험을 아무 생각 없이 받아들였던 것 같다.[7]

피터 드러커의 삶에 큰 영향을 미쳤던 두 가지 사건이 직업인의 삶에 주는 메시지는 무엇일까? 직업인의 목적지는 바로 정진(精進), 전념, 사명, 즐거움 등이 되어야 한다는 것이다. 그리고 이런 경지에 도달한 사람에게는 '명장'이라는 칭호를 사용한다. 이들이 꼭 갖추어야 할 지식은 기존의 것과 다른 특별한 지식, 즉 '딥 스마트(deep smarts)'를 소유한 사람이라고 말하기도 한다. 여기서 잠깐 내공 축적을 위해 필요한 딥 스마트에 대해 알아보기로 하자.

우리는 '그(혹은 그녀)는 이 분야에서 전문가'라고 말하는 것만으로 충분하지 않은 사람을 만날 때가 있다. 이처럼 어떤 일에 특별한 능력이나 기술을 소유한 프로들의 깊이 있는 통찰력에 대해 도로시 레너드(Dorothy Leonard)와 월트 스왑(Walter Swap)은 '딥 스마트'라는 단어를 사용했다. '딥 스마트'를 이 책에서 다루는 내공과 똑같은 의미로 사용할 수는 없지만 비슷한 개념으로 이해해도 무방하다.

딥 스마트는 직접적인 인생 경험에 토대를 둔 강력한 전문지식이다. 그것은 개인적 신념과 여러 사회적 힘에 의해 형성되며, 우리는 그것을 통해 암묵적 지식(tacit knowledge)에서 우러나온 통찰력을 얻을 수 있다. 아마도 딥 스마트와 가장 비슷한 것이 있다면 '지혜(Wisdom)'일 것이다.
딥 스마트는 노왓(Know-What)보다는 노하우(Know-How)를 바탕으로 한다. 노하우란 복잡하고 상호적인 관계를 파악하는 능력, 시스템을 꿰뚫어보며 신속하고 전문적인 결정을 내리는 능력, 그리고 필요에 따라서는 역으로 그 시스템의 개별 요소를 속속들이 이해하는 능력을 말한다. [8]

여기서 딥 스마트는 이론적인 지식이라기보다 구체적인 문제에 대해 해답을 제시하는 능력에 비중을 두고 있다. 이는 단순하게 오랜 기간 열심히 노력한다고 해서 만들어지는 것이 아니라 목적의식을 가지고 체계적인 성찰과 노력을 할 때만 얻을 수 있다. 도로시 레너드와 월트 스왑은 상세한 예를 통해 세부적인 내용을 설명하고 있는데, 그중 내공 메커니즘과 관련해 주목할 만한 대목은

'멘탈 모델(mental model)'이라는 개념이다.

전문가가 딥 스마트를 가진 인재로 성장하기 위해서는 학습 과정이나 경험을 바탕으로 자신만의 독특한 '암묵적 지식'을 만들어내야 한다. 이런 지식을 만들 수 있는 일종의 지적 공장을 두고 두 저자는 "암묵적 지식은 경험, 교육 또는 관찰로 얻은 프레임워크(framework), 개념, 그리고 멘탈 모델을 기반으로 만들어진다"고 강조한다. 저자들의 용어를 빌리면 이는 '정신적 수용체'라고 부를 수 있는데, 이런 수용체가 머릿속에 구축되지 않으면 경험과 학습을 통한 지식은 단순한 데이터에 머물고 만다. 전문가로 가는 과정에서 자신의 멘탈 모델을 구축한 사람은 경험이나 지식을 통해 그것을 더욱 정교하게 만들어간다. 여기서 단순하게 업무를 잘하는 사람과 자신이 속한 분야에서 탁월한 내공을 가진 사람 사이에 큰 격차가 벌어진다.

레너드와 스왑은 초급자에서 전문가로 겪는 과정에서 하는 다양한 경험을 두고 '경험 레퍼토리'라고 부른다. 경험을 하는 당시로서는 그저 개개의 사건이나 상황일 뿐이지만 이것을 통해 자신만의 '정신적 수용체'를 가지게 되는 것이다. 물론 처음의 모델은 아주 엉성할 수밖에 없다. 그러나 수많은 경험을 통해 '정신적 수용체'는 보다 정교하고 구체적인 모양을 갖추게 된다. 뇌 과학자가 보는 '정신적 수용체'는 다음과 같다.

경험을 통해 복잡한 지식을 얻자면, 그 사람의 두뇌 속에 수용체란 것이 있어야 한다. 수용체란 프레임워크나 분야에 관한 지식, 이전 경험들을 물리적으로 보여주는 신경구조이며, 수용체는 또한 현재 입력되는 정보와 연결된다. 이런 수용체가 없다면, 새 메시지와 정보는 뇌 구조에 결합되지 못해 다른 것들보다 이해하기 힘들고 의미 없는 것으로 남게 된다.[9]

다양한 케이스 스터디는 정신적 수용체 건설을 위한 노력으로 보면 된다. 학생 가운데 대학원에 들어오기 전 짧게나마 조직에서 일한 경험이 있다면 정교한 수용체를 만들어가는 데 도움이 될 것이다.

레너드와 스왑은 정신적 수용체를 두고 '경험에서 지식을 낳는 그물'이라고 표현했다. 그물이 없으면 고기를 잡을 수 없는 것처럼 경험을 하더라도 자신만의 그물이 없다면 필요한 문제해결력 등의 지식을 얻을 수 없다. 또한 누구나 딥 스마트를 만들어낼 수용체를 가질 수는 있지만, 수용체 건설 방법을 알게 된다면 전문가의 영역을 넘어 내공인에 다가서는 실마리를 쉽게 얻을 수 있다.

'딥 스마트: 당신의 커리어 계획을 위한 시사점들'이라는 결론 부분에서 딥 스마트를 만들어내는 인물로 거듭날 수 있는 방법을 제시한다. 여기서 언급한 여섯 가지 조언은 내공을 축적하는 데도 상당한 도움이 될 것이다.

첫째, 자신과 걸출한 인물 사이에 지식 격차가 존재한다는 사실을 인정하라.

둘째, 속도가 중시되는 시대이긴 하지만 자신만의 정신적 수용체를 만들어내기 위해서는 충분한 시간이 필요하다.

셋째, 수용체를 만들 때는 새로운 지식이나 경험에 대해 개방적으로 받아들이는 자세가 필요하다.

넷째, 경험의 폭과 깊이를 더하는 노력을 계속해야 한다.

다섯째, 경험과 지식을 공유할 수 있는 인맥 네트워크에 자신을 포함시킬 수 있어야 한다.

여섯째, 피상적인 경험보다 일에 푹 빠져들 수 있는 그런 기회를 가져야 한다. 단순히 어떤 일을 하는 사람으로 일정한 기간 머물러 있다고 해서 딥 스마트가 만들어지지는 않는다. 스스로 방관자가 아니라 적극적으로 행동하는 사람이 되어야 한다.

나는 지금부터 내공이라는 단어를 빌려와서 한 분야에서 딥 스마트를 가진 출중한 사람을 '내공인'이라 지칭하겠다.

4장

경험이 자산이다

누구든 새로운 일을 시작하면 처음에는 어색하고 생소하다는 느낌을 받는다. 아무리 오랜 기간 배움의 시기를 보낸 사람이라 해도 막상 현장에서 일을 시작하면 초보자가 되고 만다. 초보자는 일을 마무리하는 데도 시간이 오래 걸리고 숙련자에 비해 힘이 배로 든다. 그래서 경제적 여유가 있거나 계산이 빠른 사람 가운데 일부는 초보자 때 수차례 일을 바꾸거나 직장을 옮긴다. '지금 하는 일보다 낫겠지'라는 희망으로 전직을 하지만 어디서나 '초보자의 설움'을 톡톡히 치르게 마련이다. 새로운 기업이 시장에 진입해서 한동안 '무명 기업의 설움'을 겪는 것처럼 초보자 역시 어디서 무엇을 하든지 간에 비슷한 경험을 하는 것이다.

  이때 사람마다 일을 대하는 태도가 다르다. 이는 외부의 영향이라기보다는 자신의 자유의지에 따라 달라지는 경향이 있다. 자신도 모르는 사이에 갖게 된 오랜 습관이나 가치관에 따라 달라지기도 한다. 어떤 사람은 주어진 일을 어느 정도의 수준에 맞추는 데만 급급한 반면, 다른 사람은 그 일을 통해 뭔가를 배울 수 있다는 확신을 갖는다. 전자의 경우 일을 배우는 속도가 느릴 뿐 아니라 일에 재미를 느끼지 못한다. 따라서 그에게 일과 학습은 전혀 별개의 활동이 된다. 일이란 그저 생계를 유지하기 위해 마지못해 하는 것일 뿐이다. 직장 생활을 시작한 사람 가운데 공식적인 근무 시간이 끝나자마자 사무실을 빠져 나가거나 주말이 되기만 기다리는 사람에게 일은 생계와 레저를 위해 돈을 버는 것, 그 이상도 그 이하도 아니다. 이런 경우 다양한 작업을 하고 오랜 기간 일해도 그 경험이 지식으로 변환되지 않는다.

그러나 초보자 때부터 매사에 열심인 사람은 경험하는 것 하나하나가 자산이 된다는 사실을 어렴풋이 알고 있다. 이런 경험의 시기가 매우 중요하다. 남이 이야기해주는 것과 자신이 직접 체험하는 것은 다르다. 선배나 주변 어른들로부터, 때로는 책에서 "경험은 자산이다"라는 이야기를 자주 듣지만 이것 역시 자신의 경험을 통해 확신으로 바뀌는 과정이 필요하다.

여기서 경험을 축적한다는 것은 무엇을 의미하는가? 자발적이고 주도적으로 새로운 일에 뛰어드는 것을 뜻한다.

나는 강연장에서 젊은 사람과 대화를 나눌 기회가 있으면 항상 "모든 경험은 합하여 선(善)이 된다"라는 이야기를 한다. 이것은 직업 세계에서 배운 진실 가운데 하나다. 다양한 경험을 진지하게 받아들이고 체계화하기 위해 노력한다면, 그것이 하나둘 축적되면서 일을 처리하는 데 필요한 여러 가지 방법을 터득할 수 있다. 상황에 따른 판단 능력이나 일하는 방법에 대한 여러 경우와 조합이 두뇌에 저장되는 것이다.

한 분야에서 획을 긋는 데 성공한 사람의 특징 중 하나로 풍부한 패턴 인식 능력을 들 수 있다. 주어진 일을 한번도 경험해보지 못했다고 뒤로 물러서는 게 아니라 언젠가 경험해본 비슷한 사례들을 참조해 해결책을 찾아내는 능력을 말한다. 이때 기계적으로 반복되었거나 경험자의 의식이 집중되지 않았던 경험은 큰 도움이 되지 않는다. 아무리 한 분야에서 오랜 기간 일했더라도 마음이 콩밭에 가 있었다면 전혀 소용이 없는 것이다.

한 분야의 장기 근무자들에게 패턴 인식 능력이 없는 까닭은 대부분 일을 기계적인 반복으로 생각하거나 집중력이 낮은 탓이다. 의식을 집중하는 것은 누군가의 강요로 이루어지지 않는다. 그것은 자신이 하는 일에 대해 충분한 가치와 의미를 부여할 때만 가능하다. 이런 점에서 경험을 받아들이는 사람의 마음가짐과 자세는 정말 중요하다.

그러나 어느 누구도 다른 사람의 마음속에서 이루어지는 '화학반응'을 들여다볼 수는 없다. 비슷한 시기에 같은 직장을 다니는 사람 중에도 시간이 흐르면서 큰 격차가 벌어지는 이유가 여기에 있다. 패턴을 인식하는 능력은 책이나 대화를 통해 쉽게 배우거나 베낄 수 있는 것이 아니다. 그것은 깊숙이 체화된 지식, 즉 '암묵적 지식'의 모습으로 나타난다. 말이나 글로 소통이 가능한 '과학적 지식'은 전통적인 학습을 통해 배울 수 있으며, 이를 취득하는 속도나 양은 지능과 관련이 깊다. 그러나 암묵적 지식은 일정 기간 집중적인 경험 축적을 통해 그 토대가 마련되고, 그후 지속적으로 노력할 때 개선과 혁신이 이루어진다는 점에서 교과서에 나오는 지식과 차이가 있다. 전문가로 나아가거나 전문가를 넘어서는 데 있어서 필요한 지식은 대부분 암묵적 지식에 바탕을 둔다.

전문가는 현재 당면한 문제를 해결하기 위해 발군의 실력을 발휘하는 것만으로 끝내지 않는다. 그들은 새로운 경험을 축적하며 자신만의 고유한 방법을 만들어간다. 이 방법은 단순히 하나하나의 문제에 대한 해결책만 만드는 것이 아니라 자기 나름의 방식으로 문제를 일반화시키고, 이에 대응해 각각의 문제 해결법을 제시하는 공장과 같다고 이해하면 된다. 이 부분은 2부에서 상세히 설명하겠다.

그런데 이 공장은 과거의 경험을 통해 현재의 문제만 해결하는 것이 아니라 현재까지의 경험을 바탕으로 미래를 전망하거나 추정해내기도 한다. 그래서 전문가는 자신의 분야와 관련해 풍부한 통찰력과 직관력을 갖추게 되고, 이 능력은 또 다른 멋진 기회를 잡는 데 크게 기여한다. 이런 기회를 활용하는 과정에서도 새로운 경험을 축적할 수 있다.

한편 전문가의 의사결정 속도는 대단히 빠르다. 이는 개별적인 사실을 모두 고려할 필요 없이 반드시 필요한 정보만 선별해내는 능력을 가졌기 때문이다. 그들은 꼭 필요한 몇 가지 정보만 가지고도 판단을 내릴 수 있다. 초보자가 모든 것을 하나하나 검토하면서 시간을 흘려보내는 데 반해 전문가는 중요한 몇 가지 사실을 훑어보는 것만으로 판단이 가능하다. 물론 이런 판단이 늘 성공하는 것은 아니다. 오히려 과거의 축적된 경험이 고정관념이나 선입견이 되어 문제를 잘못된 방향으로 인도할 수도 있다. 그렇지만 문제해결에 있어, 정확한 상황판단과 빠른 의사결정은 큰 경쟁력을 가진다.

한 분야에서 획을 긋는 데 성공한 내공인은 결코 멈춰 서지 않는다. 그들은 자신만의 특별한 분야를 구축해나가면서도 자신의 부족함을 채우기 위해 부단히 경험을 축적하고 체계적으로 공부하는 데 심혈을 기울인다. 그들은 책이나 대화, 강연 등 전통적인 학습 이외에도 생활 속에서 자신을 쇄신할 수 있는 정보와 아이디어를 찾는다. 우리 시대 걸출한 가수 조용필과의 만남에서 깊은 인상을 받은 박정호 씨는 "명산대천을 찾아다니며 득음을 했다는 건 신화입니다. 노래라곤 팝송밖에 몰랐거든요. 국악·록·발라드·트로트 등등 다양한 창법은 남의 것을 흉내 내면서 내 것으로 만든 거지요"라는 조용필 씨의 말에 덧붙여 다음과 같은 이야기를 들려주었다.

중요한 것은 몰입이다. 예컨대 그는 지금도 라디오를 켜면 미군 방송 AFN과 클래식·국악만 듣는다. 최신 트렌드와 전통을 놓치지 않기 위해서다. 또 좋은 가사를 위해 시집을 즐겨 읽는다. '시인의 감수성'에 영감을 받고, 따라할 게 없는지 찾고 싶어서다. 조용필의 40년은 지속적 모방을 통한 새로운 창조로 요약될 것 같다. 안정된 현실에 머물지 않는 무한도전이 조용필의 힘임을 실감할 수 있었다. '직업이 가수'라며 노래방에서도 자기 노래를 반복하는 그는 분명 프로였다.[10]

전문가와 내공인에게서 관찰되는 또 다른 특징은 섬세함과 예리함이다. 어디에 있든지 간에 항상 주변을 예리하게 살피고 나서 버려야 할 것과 취해야 할 것을 구분한다. 이런 능력을 가진 사람은 자신의 분야에서 큰 획을 긋게 마련이다. 이들은 본질을 이해하는 데 필요한 정보나 지식을 찾아내고 이것에 본능적인 집중력을 발휘한다.

5장

내공인만이 가지고 있는 10가지

탁월한 경지에 도달한 고수나 달인, 즉 '내공을 가진 사람'인 내공인의 특징을 10가지로 정리해보았다. 내공인의 10가지 특징은 다음과 같다.

첫째, 계속해서 탁월한 성과를 낸다.

내공인이라는 징표는 자신의 분야에서 보이는 위대한 혹은 탁월한 성과다. 세일즈맨이라면 오랜 기간 지속적으로 높은 수치의 성과를 낸다. 작가라면 많은 사람이 나타났다가 사라지는 치열한 시장에서 과거의 작품을 재탕하지 않고 계속해서 새로운 콘텐츠로 독자와 만날 것이다. 물론 이들의 성과는 베스트셀러라는 것으로 드러나지만, 실험적인 성격이 강한 사람은 상당 기간 독자의 주목을 받지 못할 수도 있다. 특히 이런 일은 음악, 미술 등 예술 분야에서 드물지 않게 나타난다. 내공인, 과연 그들은 누구인가? 그들은 탁월한 성과를 보여준다. 그것도 한두 번으로 그치는 것이 아니라 지속적으로 말이다. 여기에서 중요한 한 단어는 바로 '지속성'이다. 단발에 그치는 것이 아니라 지속적인 성과를 만들어낼 수 있는 능력이 바로 내공인의 필수 자격이다.

둘째, 존경과 경외의 대상이 된다.

누구나 할 수 있는 일을 하는 사람에게 대중이 존경심을 가질 리 만무하다. 보통 사람이 해내기 힘든 일에 열정과 끈기를 가지고 뛰어들어 놀라운 성과를 만들어낼 때 사람들은 그를 존경하게 된다. 물론 모든 내공인이 존경의 대상이 되는 건 아니다. 이따금 너무 앞서 가다가 비난이나 질투의 대상이 되는 사람도 있다. 하지만 내공인 가운데 다수는 살아 있을 때 존경이나 경외의 대상이 된다.

상당한 수준에 이른 사람을 보고 "정말 잘한다"라고 말할 수는 있지만 존경이란 단어는 쉽게 입에 올리지 않는다. 이런 점에서 전문가와 내공인은 뚜렷한 차이를 보인다.

셋째, 좀처럼 복사할 수 없는 능력을 가진다.

내공인이라고 해서 초보자, 중급자, 전문가의 길을 건너뛴 것은 아니다. 그들 역시 보통 사람과 마찬가지로 초보자의 시절을 거친다. 그러나 그들은 그 과정에서 자신만의 독특함을 만들어내는 데 성공한다. 이런 독특함은 다른 사람이 좀처럼 흉내 낼 수 없는 체화된 지시, 능력, 숙련도 등으로 나타난다. 이런 능력은 단기간에 만들어지는 것이 아니라 오랜 기간 집중적인 훈련이나 투자의 결과물로 체득되는 것이다. 그들의 능력은 쉽게 복사할 수 없는 심오한 '노하우'의 성격을 지녔다.

넷째, 자신의 일에서 미의식을 느낀다.

주변 사람들은 고된 길을 가는 내공인을 종종 이해하지 못한다. 내공인을 보면서 "이제는 먹고 살 만큼 되는데 왜 그 고된 일을 계속하는 걸까"라고 수군거리기도 한다. 그러나 내공인에게 일은 단순히 생계유지 차원의 것이 아니다. 일하는 행위 그 자체로 아름다운 것이다. 즉 그들은 일종의 미의식을 가지게 된다. 그것은 자신이 하고 있는 일 자체를 예술로 대한다는 말이다. 이에 따른 결과물은 보다 완벽에 가까울 수밖에 없다.

다섯째, 몰입에서 자주 행복감을 느낀다.

내공인은 자신의 일에 흠뻑 빠져드는 경험을 한다. 이런 경험의 빈도와 강도는 잦고 강하다. 또한 내공인은 몰입 과정에서 종종 의식과 무의식이 합일의 경지에 다다르기도 한다. 그들에게 일은 노동이 아니라 즐거움과 성장을 이끄는 하나의 과정이자 원동력이다. 따라서 언제 어디서나 몰입할 수 있는 능력을 가진 내공인은 많은 업무를 짧은 시간 안에 처리할 수 있다. 게다가 다른 사람이 놓치기 쉬운, 반짝 스쳐 지나가는 아이디어를 잡아내는 경우도 많다.

여섯째, 사명을 가지고 있다.

내공인은 자신이 왜 사는지, 궁극적으로 어디를 향해 나아가는

지를 알고 있다. 그들은 이 땅에 머무는 동안 반드시 이루어야 할 뚜렷한 사명을 갖고 있다. 그래서 내공인은 세상의 여러 유혹에 흔들리지 않고 미련스러워 보일 정도로 자신의 길을 고집한다. 그들은 사명을 가졌기에 늘 신념에 차 있다. 또한 내공인의 사명은 함께 일하는 주변 사람에게도 전염되어 모두가 변화하기도 한다.

일곱째, 일과 개인의 정체성이 일치한다.

내공인에게는 은퇴가 없다. 일은 자신을 표현하는 것이므로 계속할 수밖에 없다. 일에서 손을 뗀다는 것은 자신을 드러낼 세상의 무대로부터 사라지는 것을 의미하기 때문이다. 그들 가운데 죽는 날까지 영원한 현역인 사람도 많다. 그들에게 일은 곧바로 삶이요, 삶은 곧바로 그들 자신이다. 물론 내공인이 처음부터 일과 자신의 정체성을 동일하게 여겼던 것은 아니다. 일과 더불어 살면서 그들에게 일은 객체가 아니라 삶의 중심부까지 다가선 주체로 변하게 된다.

여덟째, 인격과 도덕성도 일과 함께 성장한다.

내공인에게 일과 삶은 분리되지 않는다. 어느 수준 이상의 경지에 도달하면 일에 자신의 삶이 투영된다. 성실하지 못한 사람이 내공인의 경지에 도달할 수 있을까? 예외적인 경우 그런 사람도 있을 것이다. 그러나 내공인은 지속성에서 탄생한다. 성실하게 전력투구하지 않는다면 내공인의 경지에 도달할 수 없다. 자신의 분야에서 부단히 갈고 닦는 과정을 보낸 사람은 자연스럽게 자신이 누구인지, 어디로 가고 있는지, 어떤 사람으로 기억되고 싶은지 스스로 깊이 성찰하는 시간을 갖게 마련이다. 이런 과정에서 도덕적인 정당성과 인격적 완성도 함께 이루게 된다.

아홉째, 일과 생에 대해 뚜렷한 주관을 가진다.

예를 들어 방송기자가 내공인에게 마이크를 들이대는 순간을 떠올려보라. 사전에 질문지를 주지 않고 '자신의 일을 무엇이라고 생각하는가', '어떻게 그 자리에 서게 되었다고 생각하는가', '자신의 성공 요인은 무엇이라고 생각하는가', '궁극적으로 추구하는 삶은 어떤 모습인가' 등 일과 삶의 근본적인 이슈에 대해 내공인에게 묻는다고 하자. 대다수는 충분한 시간을 주지 않아도 단순명료한 문장으로 자신의 이야기를 털어놓을 것이다.

왜 이런 일이 가능할까? 내공인은 원리를 추구하는 데 익숙한 사람이기 때문이다. 단순히 다른 사람이 인정하는 성과를 만들어내는 수준이 아니라 그들이 상상할 수 없을 정도의 완벽한 수준을 스스로가 원하기 때문에 표면 위에 드러난 부분뿐 아니라 핵심의 실체에 대해서도 이해하려고 노력한다. 즉 그들은 원리에 대한 이해가 없으면 일정 정도 이상의 성과를 만들어내지 못한다는 점을 알고 있다. 이 점이 내공인과 전문가 사이에 존재하는 큰 격차다. 내공인은 나름대로 일에 대한 뚜렷한 생각과 인생 철학을 가지고 살아가는 사람이다.

열 번째, 도(道)를 추구하는 과정에 있다.

그들에게 일과 삶은 도를 이루어가는 과정이다. 그러므로 "이제 됐어. 더 이상은 불가능해"라는 말이 나올 수 없다. 도의 길은 정말 끝없는 연마와 단련을 통해 완성된다. 무예를 닦는 사람이나 글을 쓰는 사람이나 더 좋은 기업을 위해 사업 확장에 여념이 없는 사업가 가운데 내공인이 있다면 이들은 한결같이 자신의 일이 도를 닦는 과정이라는 사실에 동의할 것이다. 신화를 만들기 위해 전력투구하는 마케터나 놀라운 성과를 내기 위해 헌신하는 세일즈맨 모두 완성의 길을 향해 가고 있는 사람이다. 그들에게 일과 생은 반복이 아니라 새로움을 찾아 떠나는 여행길이다.

제**2**부

내공이란 무엇인가

내공의 뿌리는 어디에서 시작되는가? 과연 내공은 무엇인가? 내공은 어떻게 만들어지고, 어떻게 작동하는가? 전문 영역에서 내공은 구체적으로 어떤 능력으로 발휘되는가? 여기서는 내공에 대한 정의를 살펴본 후 이를 다양한 관점에서 바라보면서 내공의 개념을 정리하고 내공이 전문 지식과 어떤 차이점을 보이는가에 대해 살펴보려고 한다. 이 글을 읽고 나면 전문가와 내공인의 차이에 대해 알게 될 것이다.

1장

내공은 과연 존재하는가

무협소설을 즐겨 읽은 독자라면 '내공'이라는 단어를 자주 접했을 것이다. 내공을 사용하는 주인공이 나오는 무협소설의 스토리 구조는 비슷비슷하다. 억울하게 누명을 뒤집어쓰거나 적의 손에 죽임을 당한 부모나 친척, 부족의 원수를 갚기 위해 집을 떠나 객지를 떠도는 젊은이가 등장한다. 그는 고통스러운 일을 겪으면서 우연히 은인을 만나게 된다. 여기서 은인은 무술에서 도의 경지에 이른 사람으로 주인공의 스승이 된다. 그러나 그 스승은 무예를 바로 가르쳐주지 않고 이상한 훈련부터 시킨다. 물 긷기 몇 년, 밥 짓기 몇 년, 빨래하기 몇 년, 청소하기 몇 년 등 가장 낮은 수준의 일상적인 일부터 가르치기 시작하는 것이다. 훈련이라고 하지만 실제로는 허드렛일뿐이어서 대부분의 수련생은 '겨우 이런 일을 하려고 내가 그 고생을 하면서 여기까지 온 걸까?'라는 회의와 스승을 향한 원망을 안고 떠난다. 대부분의 수련생이 무술에 '무' 자도 못 배운 채 하산하는 것이다. 여러 제자 가운데 눈에 띄는 한 청년만이 이런 과정을 모두 극복하고 끝까지 스승의 가르침을 받기 위해 인고의 세월을 보내며 때를 기다린다.

이런 스승과 제자가 등장하는 무협소설은 재미와 함께 교훈을 준다. 그 교훈 가운데 으뜸은 단순하게 보이는 노동의 의미를 체득하고 그 일을 끈기 있게 이겨 내야 한다는 것이다. 인내심을 가지고 접근해보면 아주 단순하게 보이는 일에서도 그것만의 묘미를 찾을 수 있다. 이 경지에 이르렀을 때 젊은이는 무술을 제대로 익힐 수 있는 기본 자질을 갖추게 된다.

스승은 그동안 여러 젊은이를 보아온 터라 기본적 자질을 갖추고 있지 않으면 누구도 끝까지 무술을 익힐 수 없음을 알고 있다. 그래서 단순한 일을 묵묵히 반복하는 어려움을 이겨 냄으로써 기초를 제대로 닦은 젊은이에게만 "자, 이제 때가 되었다"라며 집중적인 무술 전수를 시작하는 것이다.

전쟁이 빈번하던 시대에 무술은 개인과 집단의 생과 사를 결정하는 대단히 중요한 생존 도구였다. 오늘날의 용어로 이야기하면 전문가가 갖추어야 할 핵심 능력에 해당한다. 그와 같은 무술을 익힐 때 겉모양만 따라하는 것이 아니라 무술의 근본이나 핵심을 갈고 닦음으로써 도의 경지까지 자신을 끌어올리는 사람이 나오게 마련이다. 이런 사람을 두고 우리는 흔히 고수, 두인이라고 부른다. 무술에 통달한 사람은 무기를 고르는 방법에서부터 적과 상황에 따라 무술을 사용하는 방법, 적의 움직임과 마음을 읽는 방법 등 다양한 기술을 갖추게 된다. 한순간 생과 사가 결정되는 승부의 세계에서 상대방을 제압하는 기술이나 기교를 최고의 경지까지 끌어올린 사람만이 고수가 될 수 있다. 이런 고수를 두고 흔히 무술 세계에서는 내공을 갖춘 사람이라고 불렀다.

내공의 의미를 알기 위해 무협소설에서 설명하는 무(武)의 경지에 대해 살펴보자. 무협소설을 읽다 보면 문파라는 것이 나온다. 문파에는 우리에게 익숙한 소림파(少林派), 무당파(武當派) 등 9개 계파와 거지들로 이루어진 개방을 포함해 모두 구파일방(九派一幇)이 있는데, 작가들이 주로 다루는 소재다. 대표적인 문파로는 불가에 속하는 소림파와 도가에 속하는 무당파가 있다. 전자는 권법을 중시하고 수련을 통해 강한 힘을 얻게 된다. 반면에 후자는 도교 철학을 명상과 무술로 구현한 태극권에서 볼 수 있듯 춤처럼 보이는 동작을 익히고, 선율에 따라 미끄러지듯 몸을 움직이면서 내적인 힘을 쌓는 것을 중시한다.

그러나 모든 문파가 역사적으로 실존했는가에 대해서는 여러 가지 이론이 있다. 일부는 역사적인 사실로 확인되어 현재까지 그 흔적이 남아 있지만 나머지는 작가의 머릿속에서 나온 허구라고 말할 수 있다. 요컨대 문파는 허구와 실재가 혼재된 것이다.

문파가 어떻게 만들어졌는가를 추측하는 일은 그리 어렵지 않다. 처음에는 수행 중 맹수나 도적으로부터 자신의 몸을 보호하기 위해 무술을 익혔다. 또한 사찰 등에서는 자신과 동료를 지키기 위해 무술이 필요했다. 이것이 소림사처럼 특정 사찰을 중심으로 체계화되고 후세 사람에게 전수되면서 무술 유파의 성격을 띠게 된 것이다. 어느 나라든 오랜 세월을 거쳐 만들어진 무술이 있게 마련이고, 그 무술은 독특한 도를 지닌다.

무술에서 최고 경지에 오른 사람이 가진 힘이나 능력에 대해 언급할 때 흔히 내공과 외공이라는 개념이 등장한다. 나는 책, 사전, 인터넷 등을 통해 내공이 가진 의미를 정확하게 파악하기 위해 노력했지만 마음에 꼭 드는 개념과 정의를 찾아내기가 쉽지 않았다. 그중 다음의 두 가지 정의는 다소 부족한 부분이 있지만 내공의 의미를 새기는 데 참조할 만하다는 생각이 들었다.

첫 번째 정의는 네이버 지식iN에서 찾아낸 관련 내용을 요약, 정리한 것이다.

먼저 내공은 호흡을 단련하여 신체의 자율신경을 조절하고 새로운 잠재력을 개발하기 위한 무공의 한 가지다. 주로 기(氣)의 운행을 통해 내력을 일으키며 정신을 단련한다. 각 무공마다 독문의 내공이 있어 호흡과 기의 운행 순서가 다르다. 무당파의 무공이 내공의 대표적인 예라고 할 것이다. 내력은 내공에 의해 만들어진 힘으로, 즉 육체적인 힘과는 근본적으로 다르다. 내공을 훈련하는 다양한 방법 중에는 호흡을 단련하여 자율신경을 조절하는 내가심법(內家心法), 내공심법(內功心法), 내가중수법(內家重手法) 등이 있는데, 이들 중 내가중수법은 내공을 이용해 적을 공격하는 무서운 수법, 겉은 그대로 둔 채 속을 공격해 파괴하는 수법이다. 그리고 외공(外功)은 주로 육체적이거나 물리적인 힘으로 행하는 무술이나 기력을 뜻한다. 반면에 내공은 이와 반대로 주로 영적이며 내적으로 갈무리된 힘을 뜻한다.[11]

두 번째 정의는 인터넷 사이트 해피캠퍼스에서 찾아낸 것이다.

무협소설에서 사용하는 내공과 외공은 무협적 용어다. 내공과 외공은 서로 뗄 수 없는 말이라고 할 수 있는데, 외공은 말 그대로 외부 공격력이라고 보면 된다. 주로 신체를 강인하게 만들어 물리적인 공격을 하는 것으로 외공 무술은 강철 같은 주먹이나 발 또는 머리로 바위를 부순다. 반면에 내공은 내부 공격력이라 보면 되는데, 내공 무술은 기의 분출인 장력으로 바위를 부수는 식이라고 할 수 있다. 내공이란 보통 기를 말하기도 한다. 기를 운용하여 경공술도 펼치고 장풍도 쏜다.
그러면 외공과 내공의 비교가 가능할까 하는 의문이 들 것이다. 대부분의 무협소설에서는 외공이 뛰어난 고수는 동네 수준의 무사이고, 내공이 뛰어난 고수가 진정 군림천하를 할 수 있다고 본다. 내공은 하루아침에 이루어지는 게 아니라 수십 년간 고행으로 닦는 것이다. 그러나 실제로 외공과 내공은 수련의 정도에 따라 강약이 결정된다. 어느 것이 더 강하다고 말할 수 없다. 즉 창과 방패라고 할 수 있다.[12]

이 같은 정의를 보면 내공이란 영적이고 신성한 능력이 아닌가 싶기도 하고, 보통 사람은 좀처럼 이해하기 힘들고 가까이 할 수 없는 초능력이라는 생각도 든다. 외공의 경우 고난도의 숙련으로 성취할 수 있는 사람의 힘이나 능력이라고 정의할 수 있는데, 이는 눈으로 직접 확인할 수 있는 것이라 그나마 이해가 쉽다. 그러나 내공의 경우 초능력처럼 보인다는 것을 제외하면 좀처럼 감을 잡기가 어렵다.

관중석에 앉아 무술 시범을 보고 있다고 가정해보자. 이때 무대에 나타난 사람이 일반 사람의 상식으로는 상상하기도 힘든 난이도의 묘기로 관중의 탄성을 자아낸다면 그 사람은 외공이 출중한 무술인이라고 불러도 손색이 없다. 하지만 내공과 관련된 예를 직접 확인한다는 것은 극히 어려운 일이다.

우리나라에서 처음으로 중국 무협소설이 선을 보인 때는 1961년이다. 요즘에는 게임이 이를 대체하고 있지만, 내가 학교 다닐 때만 해도 중학교 시절부터 남자 아이들은 대부분 무협소설에 빠져 있었다. 지금 컴퓨터 게임 때문에 부모님 속을 썩이는 것처럼 예전에는 무협소설이 골치였다. 무협소설은 내용이 황당하긴 해도 재미 면에서는 다른 오락물을 압도했기에 큰 인기를 끌었다. 그러나 무협소설에 자주 등장하는 '내공'이란 단어는 표준국어대사전에도 실려 있지 않다. 40년이 지난 지금도 국어사전에 등재되지 않을 만큼 학계에서는 인정받지 못하고 있는 것이다.

내공의 정의를 보다 구체적으로 알고 싶다면 《손자병법》과 함께 동양의 2대 병서로 통하는 미야모토 무사시(宮本武藏)의 《오륜서》를 살펴보면 된다. 이 책의 저자인 미야모토 무사시는 1584년에 태어나 13세 때부터 병법을 익히면서 큰 인물이 되기로 뜻을 세우고 성실하게 훈련에 임한다. 그 후 그는 일본 전역을 돌아다니면서 여러 유파의 무예를 익힌 사람을 만나 60차례에 걸쳐 승부를 겨룬다. 그들을 상대로 단 한 번도 패하지 않을 정도로 뛰어난 병법을 갖고 있었는데, 당시 그의 나이는 28~29세였다. 그는 계속 병법을 갈고 닦아 51세가 되던 1634년에 병법의 도를 깨우치게 된다. 《오륜서》는 그가 60세가 되던 1643년부터 집필하기 시작해서 2년 만에 완성한 병법의 도를 담은 책이다. 그는 이 책의 집필을 마친 1645년에 62세의 일기로 세상을 떠났다.

일본의 무사는 '칼 두 자루'를 허리에 차는 것이 기본이다. 긴 칼인 다치(太刀)와 짧은 칼인 가타나(刀)를 갖고 수련을 시작한다. 양손에 칼을 들고 연습을 시작하는 초보자는 다치가 너무 무거워 좌우로 움직이는 것조차 힘들다. 그러나 점점 익숙해지면 몸과 검이 하나가 되어 자연스럽게 검을 다루게 된다. 다치를 자유롭게 휘두르는 사람을 두고 '병법자'라 부르고, '다치의 도'를 '병법'이라고 부른다. 특히 미야모토 무사시는 자신이 연마한 병법의 도를 두고 '니텐이치류(二天一流)'라는 이름을 붙였다.

미야모토 무사시는 병법의 도를 완전히 익힌 사람은 1만 가지 일을 모두 이해하는 경지에 이르게 된다고 말한다. 이외에도 무사는 활, 조총, 창 등의 무기를 사용하는데, 이들을 다루는 기술도 병법의 도에 포함된다. 무사시는 특히 칼을 다루는 '다치의 도'를 완전히 몸에 익히기 위해서 어떻게 해야 하는지 다음과 같이 설명한다.

> 모든 일에는 박자가 있기 마련인데, 특히 병법의 박자는 연마하지 않고서는 체득할 수 없다.
> 병법에는 다양한 박자가 있다. 먼저 상대와 호흡을 맞추는 박자를 알아야 하고, 이어 상대의 호흡을 흩뜨리는 박자를 익혀야 하고, 크고 작은 박자와 빠르고 느린 박자 중에서 상황에 맞는 박자와 때에 맞는 박자를 알아야 하고, 상대의 박자에 끌려가지 않는 박자를 알아야 한다. 특히 상대를 속이는 박자를 알아야 병법을 완전히 터득할 수 있다. 병법을 활용해 싸움을 벌일 때는 적 각각의 박자를 알아 적들이 생각하지 못하는 박자, 즉 형태를 갖추지 않은 빈 박자를 발휘하는 따위의 지혜로운 박자를 이용해서 이겨야 한다. 어느 장에서나 박자에 관한 내용을 설명했으니, 그 내용을 잘 헤아려서 충분히 단련해야 한다. 이상 니텐이치류 병법의 도를 늘 수행하면 저절로 마음이 넓어진다.[13]

박자는 책을 보고 익힐 수 없고, 남의 이야기를 듣고 배울 수 있는 것도 아니다. 박자는 마음을 담은 오랜 기간의 수련을 통해 얻을 수 있다. 또한 박자는 단순한 지식이 아니라 지혜에 속한다. 무사시는 자신의 병법을 제대로 익혀 병법의 도에 이르는 것은 단순히 기술을 연마해 숙련에 이르는 것 이상의 심오한 의미를 지닌다고 말한다.

내공을 갖춘 인물로 성장하기를 원한다면 다음 원칙을 반드시 실천에 옮겨야 한다. 이 원칙은 병법의 도에 이르기 위해 필요할 뿐 아니라 모든 분야에서 큰 획을 긋고자 할 때 우리 삶 속에서 반드시 실천에 옮겨야 할 것이다.

내 병법을 배우려는 자는 도를 행하는 원칙을 준수해야 한다.
첫째, 비뚤어진 마음을 품지 마라. 둘째, 병법을 단련하라. 셋째, 널리 다양한 예능을 접하라. 넷째, 널리 많은 직업의 도를 배워라. 다섯째, 매사에 이해와 득실을 분별하라. 여섯째, 사물의 가치와 진위를 구별해내는 능력을 길러라. 일곱째, 눈에 보이지 않는 것을 깨달아라. 여덟째, 사소한 일에도 마음을 쓰라. 아홉째, 도움이 되지 않는 일을 하지 마라.
대강 이러한 원칙을 마음에 새겨 병법의 도를 연마해야 한다. 이 도에 한해서는 넓은 시야로 진실을 꿰뚫어볼 수 있어야 병법의 달인이 된다. 이 원칙을 익히면 혼자서 스무 명, 서른 명의 적과 싸워도 지지 않는다. 항상 병법을 생각하고 진정한 도를 갈고 닦게 되면 실력으로 남을 이길 수 있고, 사물을 바라보는 시각 역시 남들보다 월등해질 수 있다. 또한 계속 연마해 온몸을 마음대로 움직일 수 있게 된다면 남보다 뛰어난 육체를 얻을 수 있고, 도를 연마하고 마음을 단련하면 남들보다 굳은 마음을 지닐 수 있다. 이러한 경지에 이르렀다면 훌륭한 인물을 부하도 둘 수 있고, 수많은 부대를 자유자재로 지휘할 수 있으며, 자신의 몸을 올바로 다스릴 수 있고, 나라를 잘 다스리고 백성을 잘 보살피며 천하의 질서를 훌륭하게 유지할 수 있다. 어떠한 도에서든 마찬가지나, 남에게 지지 않도록 유념하고 내 몸을 보호하고 이름을 떨치는 것이야말로 병법의 도다.[14]

우리는 이 글을 통해 내공을 갖추려면 단순한 지식이나 기술 이상을 목표로 삼고 수련해야 하며, 내공을 갖추는 데 성공한 사람은 자신만의 뚜렷한 특성을 가지게 된다는 사실을 알 수 있다.

2장

내공의 의미

학문적으로 엄밀하게 정의하기는 어렵지만, 내공은 이미 일상에서 즐겨 사용되는 단어가 되었다. 그러므로 무술의 세계뿐 아니라 일상생활에서 내공이 어떤 의미로 사용되는지를 정리해둘 필요가 있다. 무술 세계에서 내공이 실재하는 힘인가 아닌가에 대해서는 사람마다 의견이 분분하다. 오랜 기간 지속적인 수련을 통해 특정 무술을 연마하면 보통 사람이 상상할 수 없을 정도의 놀라운 힘이나 능력을 소유하게 된다.

무술뿐 아니라 어떤 분야에서든 오랜 기간 정성을 들여 자신의 능력을 갈고 닦은 사람이 성취한 전문가적 식견이나 지식, 더불어 그 이상의 힘이나 능력을 '내공'이란 단어로 표현할 수 있다. 다시 말해 어떤 분야에서든 오랜 기간 최선을 다한 사람은 눈으로 확인할 수 있는 능력뿐 아니라 보이지 않는 능력까지 함께 갖게 된다는 것이다. 한두 번에 그치지 않고 언제나 그 탁월한 능력을 보여줄 수 있다면 그는 특별한 능력을 가진 것이 분명하다. 이런 능력을 '내공'이라고 부른다.

어떤 특정 무술, 예를 들면 태권도, 태껸, 쿵푸, 우슈, 합기도, 가라테 등을 오랫동안 수련한 사람은 모든 상황에서 대처할 수 있는 패턴을 체득한다. 그런 사람이 다른 사람과 대련한다고 상상해 보라. '내공'을 가진 사람이라면 상대방을 압도하고도 남을 만한 체구나 체력을 가지고 있지 않더라도 놀라운 기술을 발휘할 것이다.

내공을 가진 인물은 상대방의 눈빛이나 사소한 몸짓에서 상대의 의중을 정확히 꿰뚫어 보고, 순식간에 그동안 쌓아온 패턴 인식 능력을 발휘한다. 의식적으로 노력하지 않더라도 거의 무의식적으로 반응을 하게 되는데, 이때 최적의 공격법을 사용한다. 내공은 부단한 수련 과정을 통해 무의식적인 반응이라고 부를 정도로 완전히 체화된 능력을 가리킨다.

태권도와 같은 특정 무술을 익힐 때 초반에는 매뉴얼화된 동작을 반복적으로 익히게 된다. 사범은 초보자에게 정확한 자세와 순서를 전달한다. 이처럼 누구에게나 매뉴얼대로 전달할 수 있는 기술이나 지식에는 결코 내공이란 단어를 붙이지 않는다. 이런 기본기는 다양한 대련 과정을 통해 상황 지식으로 바뀌게 된다. 즉 갑이란 상황에서 A 기술, 을이란 상황에서 B 기술이 최적이라는 시으로 말이다. 이런 기술이나 지식도 매뉴얼화가 가능한데, 간혹 매뉴얼로 전달할 수 없는 특별한 상황이 벌어질 때가 있다.

이런 상황은 매뉴얼화된 기술뿐 아니라 자신만의 독특한 패턴 인식 능력까지 갖춘 인물만이 해결할 수 있다. 이들은 어느 누구도 감히 범접할 수 없는 경지에 도달한 사람이다. 이들은 소수 가운데서도 소수이므로 보통 사람은 실제로 '내공'을 체험하기 어렵다. 이런 이유로 내공은 과학적인 대접을 받기 어렵고, 초능력과 혼동된 개념으로 사용되고 있다.

다시 말하면 무술의 세계에서 내공은 오랜 기간의 집중적인 수련을 통해 얻게 된 자신만의 숙련된 몸짓과 기술, 그리고 상황에 따라 다르게 적용되는 지식이다. 이것은 초기에 다른 사람의 기술이나 몸짓, 지식에 대한 학습을 통해 만들어진다. 그러나 시간이 흐르면서 자신만의 독특함이 더해져 특정 상황에서 일반인이 초인적이라고 부르거나 믿을 수 없다고 표현할 정도의 놀라운 힘을 발휘하게 된다. 내공의 의미와 개념이 사회생활에 어떤 식으로 확장되는가에 대한 이용원 〈서울신문〉 논설위원의 짧은 지적은 큰 인상을 남긴다.

'내공'은 원래 무술에서 외공에 대비되는 말이다. 외공이 육체를 단련해 얻은 힘을 뜻하는 반면 내공은 몸 안의 기를 단련해 얻은 힘이다. 이 단어는 한동안 무협소설 안에만 갇혀 있다가, '무협소설 세대'가 문화계에 진출해 즐겨 쓰면서 '개인이 축적한 지적, 감성적 능

력의 총체'란 의미로 바뀌었다.[15]

무술 세계를 벗어난 내공은 다양한 분야에서 사용되고 있다. 연예계에서 팔방미인으로 통하는 연예인이 변신을 시도한 영화를 본 한 관객은 그의 어색한 연기를 두고 '연기 내공의 부족'이라고 표현한다. 또 다른 영화에 출연한 신인 여배우는 "연기는 아직 서투르지만 내공을 쌓아 그저 예쁜 여주인공이 아니라 개성이 뚜렷한 역할을 해보고 싶다"라는 포부를 밝히기도 한다.

정부의 고위 관리직을 역임한 바 있는 김광림 전 세명대 총장은 내공이란 단어를 사용해 "공무원은 벼슬 경쟁을 해서는 안 된다. 내공이 쌓이는 속도보다 올라가는 속도가 빠르면 결국 낙마한다. 내공이 쌓이는 속도와 위로 올라가는 속도가 일치해야 한다"고 말했다.

베이징에 체류하고 있는 다큐멘터리 작가 안지위 씨에게는 찾아온 지인들을 중국의 명소로 안내해야 하는 일이 빈번히 생긴다. 그런데 많은 사람이 "만리장성에는 가지 않아도 좋으니 맛있는 식당에는 꼭 데려가 주시오!"라면서 음식점 순례를 고집한다고 한다. 이들을 어디로 안내할 것인가를 두고 그는 "나는 그들의 내공에 따라 몇 개의 등급을 나누어 안내한다. 여기서 내공이라 함은 중국 음식을 접해온 경험의 정도를 말한다"고 이야기했다. 〈한국경제신문〉의 한은구 기자는 제주도의 맛집을 소개하면서 "30년간 돼지갈비만 팔아온 '내공'이 느껴진다"고 표현했다.

이런 예들을 통해 내공이라는 단어가 무술의 세계뿐 아니라 일상의 모든 분야에서 확대된 의미로 널리 사용된다는 것을 알 수 있다. 내공은 "자신의 분야에서 놀랄 만한 성과를 만들 수 있는 탁월한 기술, 지식, 노하우, 숙련도, 직관, 통찰력을 소유한 소수의 사람이 가진 종합적인 능력"이다. 따라서 내공을 소유한 사람, 즉 내공인은 "뛰어난 성과를 만들어낼 뿐만 아니라 자신의 분야에 대한 독특한 관점과 기술, 일과 삶에 대한 철학을 소유하고 있어 경쟁자에게는 놀라움의 대상이자 일반인에게는 존경과 경외의 대상이 되는 사람"이라고 정의할 수 있다. 그렇다면 내공인과 전문가 사이에는 어떤 공통점과 차이점이 있는가? 이를 정확하게 파악한다면 내공의 실체에 한 걸음 가까이 다가서게 될 것이다.

3장

내공은 문제 해결력이다

내공인과 전문가 사이에는 확실한 공통점이 있다. 탁월한 성과를 만들어낼 정도의 능력을 소유하고 있다는 점이다. 물론 내공인과 전문가 사이에는 탁월함의 정도에서 차이가 있다. 전문가는 보통 사람이 예상할 수 있는 정도의 범위 내에서 뛰어난 성과를 만들어낸다면, 내공인은 어느 누구도 생각하지 못할 정도의 놀라운 성과를 만들어낸다. 즉 한 분야에서 획을 그을 만한 놀라운 성과를 꾸준히 만들어내는 데 성공한 사람이 내공인이다. 따라서 전문가로 불리는 사람 가운데 소수만이 내공인의 단계에 진입한다. 초보자가 중급자를 거쳐 전문가에 오를 수 있는 가능성에 비해 전문가가 내공인이 될 가능성이 훨씬 낮다. 전문가 중에서도 손꼽을 정도의 인물만이 내공인의 단계에 진입한다는 말이다. 그런데 전문가 사이에 수준 차이가 있는 것처럼 내공인 사이에도 수준 차이는 존재한다.

자동차를 비롯한 소비재 상품 시장을 예로 들어보자. 중저가 시장에서 강자가 되는 일은 어렵지 않다. 그러나 중저가 브랜드에서 시작해 명품 브랜드로 발돋움하는 것은 단기간에 이룰 수 있는 일이 아니다. 명품에 대해 오랫동안 연구해온 한 컨설턴트는 중저가 시장의 강자가 명품 시장에 진입하는 데 최소 15년이라는 긴 시간과 노력이 필요하고, 여기에 덧붙여 행운도 따라주어야 한다고 말한다.

그러나 여기서 물리적 시간만이 중요한 게 아니다. 추구하는 목표나 삶의 태도, 마인드셋(mindset) 등에서 획기적인 변화가 있어야 한다. 즉 중저가 시장에서의 성공을 이끌어낸 목표나 태도, 마인드셋만으로 자동적으로 명품 시장에 진입할 수 있는 것은 아니라는 이야기다. 이 같은 비유는 전문가가 내공인으로 발돋움하는 데도 적용할 수 있다.

특정 분야에서 일반인의 상식이나 기대를 넘어선 사람을 내공인이라고 부른다. 전문가는 누구든지 일정 기간 꾸준히 노력해서 어느 정도의 경지에 오르게 된다. 반면에 내공인은 기존의 틀을 깨뜨리고 자신만의 독특한 직업 경로 혹은 인생 경로를 개척한다. 이들에게는 세속적 의미의 성공이라 할 수 있는 부와 명성 등의 보상이 따를 뿐 아니라, 그 사람의 인생 경로 자체가 하나의 모범 사례가 되어 동시대를 살아가는 사람들에게 존경의 대상이 된다.

그래서 사후까지 대중에게 오랫동안 기억되는 내공인도 있다.

내공인과 전문가의 공통점 가운데 하나는 특정 분야에서 성과를 만들어내는 데 필요한 지적 능력이다. 어떤 분야에서는 지적 능력뿐 아니라 숙련도가 더해지기도 한다. 이를 일반화시키면 문제 해결력이라고 말할 수 있다. 문제 해결력이 없다면 어떤 전문가도 성과를 만들어낼 수 없다.

예를 들어 세일즈 분야에서 신화가 된 갑이란 인물을 머릿속에 떠올려보라. 보통 사람들이 그(그녀)라는 존재를 알고, 그(그녀)를 인정하고, 그(그녀)의 업적에 고개를 끄떡이고 그(그녀)를 존경하는 이유가 무엇인가? 노력하면 충분히 이룰 수 있는 정도의 성과는 초보자, 중급자, 전문가의 길에 들어선 사람도 거둬들일 수 있다. 그러나 경제 상황의 좋고 나쁨에 관계없이 지속적으로 지금까지의 기록을 모두 갱신하는 걸출한 성과를 내는 사람은 많지 않다. 그래서 그들에게 내공인이라는 칭호를 붙이는 것이다.

이런 내공인의 문제 해결력은 주로 자신만의 특별한 지식에 그 기반을 둔다. 세일즈맨을 예로 들어 생각해보자.

누군가에게 무엇을 팔아야 한다면 판매에 관한 다양한 지식이 필요하다. 처음부터 세일즈를 배운 사람은 없다. 그들이 세일즈 업무를 시작할 때 학창 시절에 배웠던 다양한 교과목의 지식이 일정 정도 도움은 될 수 있다. 하지만 실제로 문제 해결력을 키워주는 것은 현장을 뛰어들어 체득한 경험이다. 세일즈를 하더라도 대부분의 사람은 별생각 없이 물건이나 서비스를 팔고, 가능하면 더 많이 팔기 위해 더 오랜 시간 일하는 수준에서 그친다. 그들은 현재를 과거의 반복 내지 복제품으로 생각하는 것이다.

이에 대해 스탠퍼드 대학교 경영대학원의 제프리 페퍼(Jeffrey Pfeffer) 교수는 "기억으로 행동을 대체하는 조직의 사람들은 언제나 아무런 성찰 없이 해오던 일을 계속 수행하려는 경향이 있다"고 지적한다. 별다른 고민 없이 이제까지의 전례를 기계적으로 반복한다는 것이다. 이런 경우 세일즈맨은 두 가지에 주로 의존한다. 하나는 사회적 증거에 해당하는 것으로 '이것이 우리 경쟁자가 흔하게 사용하는 방법이다'라는 생각이다. 다른 하나는 일관성, 즉 '이것이 우리가 늘 해오던 방식이다'라는 생각이다. 페퍼 교수는 사회적 증거와 일관성 두 가지가 힘을 합치면 조직이 올바른 변화를 시도할 때 가장 큰 강한 걸림돌이 된다고 지적했다. 이는 개인에게도 그대로 적용할 수 있는 교훈이다.

그러나 전문가의 반열에 들어서는 데 성공한 사람은 조그만 경험일지라도 여러 번 생각하고 고민하면서 일한다. 그들에게 경험은 그저 우연히 겪게 되는 것이 아니라 문제 해결력을 위한 지식 저장고에 사례를 축적하는 일련의 과정인 것이다. 특정 상황에서는 A 기술을 사용해야 하고, 또 다른 상황에서는 B 기술을 사용해야 한다는 식의 다양한 사례가 두뇌 속에 축적된다. 이런 과정이 어떤 상황에서든 문제 해결력을 발휘할 수 있는 기초 작업에 해당한다.

그런데 이런 과정을 통해 전문가의 대열에 오른 사람은 단순히 경험하는 것만으로는 충분하지 않다는 사실을 알고 있다. 그래서 자신의 스타일에 맞도록 경험을 체계화시키거나 간접 경험을 늘리기 위해서 다른 사람의 사례에 대해 관심을 갖고, 관련된 책을 열심히 읽는다. 전문가는 이런 활동을 통해 직접 경험하지 않더라도 업무 관련 능력의 지식 저장고를 풍성하게 만들 수 있다.

최소한 이 정도의 노력이 더해져야 전문가 반열에 들 수 있는 것이다. 이 과정에서 몇몇 전문가는 자신만의 독특한 지식을 만들어내면서 내공인의 단계에 진입한다. 학술적인 용어로 '과학적 지식'을 '암묵적 지식'으로 변화시키는 데 성공하는 것이다. 암묵적 지식을 과학적 지식과 구분하여 경험 지식이라고 부르는 사람도 있다. 어떤 용어를 선택하든지 상관없다. 책이나 강연을 통해서, 또 오랜 경험과 시행착오를 거치면서 자신만의 독특한 지식을 만들어내는 데 성공한 사람은 전문가를 넘어 내공인의 경지에 도달하게 되는 것이다.

한편 지식경영 분야에서 뛰어난 업적을 남긴 노나카 이쿠지로(野中郁次郎)는 과학적 지식을 '형식지', 암묵적 지식을 '암묵지'라는 용어로 표현했다. 그는 형식지와 암묵지가 상호작용을 하면서 지식의 질적·양적 성장이 이루어지는 상태를 '지식의 창조 과정'이라고 말한다.

> 암묵지는 말로 표현하기 힘들지만, 개인과 집단 그리고 조직 간의 차원에서 개인적 경험, 이미지, 혹은 숙련된 기능, 조직문화, 풍토

등의 형태로 존재한다(말로 나타내기 힘든 주관적, 신체적인 아날로그의 지식).

형식지는 언어나 구조를 가지고 존재한다. 제품 사양, 문서, 데이터베이스, 매뉴얼, 화학식 등의 공식, 컴퓨터 프로그램 등의 형태로 표현될 수 있다(서술하기 쉽고 객관적이고 논리적인 디지털 지식).[16]

어떤 조직에서 어려운 과제를 놓고 고민하는 중이라고 가정해보자. 전문가는 자신의 지식 저장고에 동일한 사례가 없으면 정확한 문제 해결책을 제시하는 데 실패한다. 반면에 내공인은 한 번도 경험해보지 않은 사례에 대해서도 그동안의 경험과 자신만의 독특한 감각을 바탕으로 새로운 문제 해결책을 제시한다. 물론 처음에 대부분의 사람들은 그 해결책이 성공을 거두리라고 생각하지 않는다. 하지만 조직 내에 다른 대안도 없으므로 한번 시도해보자는 식으로 접근한다. 그리고 그 해결책은 우연이라고 하기에는 너무 많은 성공을 거둔다. 이처럼 어려운 문제에 당면했을 때 구원투수처럼 문제 해결책을 제시하는 사람이 바로 내공인이다.

《꽂히는 글쓰기》는 마케팅 관련 글쓰기에서 독창적인 영역을 개척한 마케팅 전문가 조 비테일(Joe Vitale)이 쓴 책이다. 나는 이 책의 제목으로 '최면을 거는 글쓰기'가 보다 정확하고 더 잘 어울린다고 생각한다. 작가는 40년 동안 다양한 장르의 글쓰기를 해왔으며, 30년 동안 글쓰기를 가르쳤다. 이 책은 저자 자신이 고객을 매료시키는 글쓰기를 위해 노력하는 과정에서 얻게 된 암묵적 지식을 과학적 지식으로 만들어 독자에게 전달하고 있다는 점에서 흥미롭고 뛰어나다.

이 책에서 비테일이 독자에게 던지는 가장 중요한 조언은 "완벽한 글쓰기는 없다!"라는 것이다. 저자는 글을 쓰는 동안 완벽한 글을 쓰겠다고 생각하지 말고, 자꾸 글쓰기를 멈추도록 만드는 '제2의 자아(작가는 이를 '의심 많은 자아'라고 부름)'를 억제시키라고 충고한다. 또한 그는 "글을 쓰면서 자꾸 평가를 내리지 말고 무작정 써라! 기계적으로 글을 생산해라!"라고 말한다. 그의 조언에 공감하는 바가 많다. 초보자나 중급자는 꾸준한 글쓰기 연습을 통해 일정 정도의 감각을 얻어야 다음 단계로의 이동이 가능하다.

어느 정도 수준에 진입한 작가는 백지나 컴퓨터의 빈 화면 앞에서 자신의 의식이 흐르는 대로 글을 써내려갈 수 있다. 물론 이때 쓰고자 하는 글의 방향, 즉 목표가 뚜렷해야 한다. 그러면 의식은 그 목표에 맞춰 자연스럽게 흘러갈 것이다. 흐름을 타듯 글을 써내려갈 수 있다면 글쓰기 분야에서 전문가의 경지에 도달했다고 말할 수 있다. 여기에다 그런 글쓰기가 매번은 아니더라도 자주 걸출한 성과를 보인다면 내공인이라고 불러도 손색이 없다.

피터 드러커가 자서전에 쓴 것처럼 전문가의 지위를 획득하는 데 성공한 작가라고 하더라도 독자들에게 유용함과 재미를 제공하는 작품을 계속해서 내놓기는 힘들다. 전문적인 작가도 자신도 모르는 사이에 독자를 지루하게 만들 수 있다. 이를 두고 피터 드러커는 "다른 사람을 지루하게 만드는 현상은 전문적인 작가가 별

생각 없이 빠져들게 되는 위험이다"라고 말했다. 그러면서 자신이 평생 자신을 연마하는 데 게으름을 피우지 않았던 이유를 두고 "나는 자신을 지루하게 만들 수 있는 위험을 감당하고 싶지 않았다"고 덧붙였다. 내공인은 피터 드러커처럼 쉽게 만족하지 않고 끊임없이 정진한다.

내공인을 만나다 | 스티븐 킹

마르지 않는 샘이 되다

"마르지 않는 샘 같은 작가!" 작가라면 누구나 이런 찬사를 듣고 싶어 할 것이다. 스티븐 킹(Steven King)에게 이런 찬사를 보낸 사람은 소설가 존 D. 맥도널드다.

스티븐 킹은 '21세기 최고의 스토리텔러', '소설과 영화의 경계를 허문 탁월한 이야기꾼'으로 손꼽힌다. 미국 문단을 대표하는 그는 인간의 내면세계에 깊숙이 자리 잡고 있는 두려움을 소재로 한 소설로 큰 반향을 일으켰다.

나 역시 《스티븐 킹 단편집》에 실린 20쪽 남짓한 서문을 읽다가 그의 필력에 쑥 빨려 들어가는 듯한 묘한 기분을 느꼈다. 혼자 실성한 사람처럼 킥킥거리며 그 글을 읽었다면 더 이상 무슨 말이 필요하겠는가! 무엇보다 그의 글은 재미있다. 그런 재미를 만들어낼 수 있는 능력이 바로 그가 가진 내공의 본질이다. 그는 작가가 어떤 능력을 가져야 하는지를 정확히 이해하고 있으며, 그 이해를 바탕으로 끊임없이 독자의 사랑을 받고 있다.

> 평생을 작가로 살면서 나는 소설에선 읽을 만한 이야기를 만들어내는 것이 작가의 다른 어떤 재주보다도 더 중요한 것이라는 확신을

가지게 되었다. 인물이나 주제, 분위기 등이 아무리 좋아도 이야기가 재미없으면 아무것도 아니다. 이야기가 정말 독자를 끌어들이기만 한다면 다른 것은 모두 잊혀진다.[17]

작가로서 스티븐 킹의 내공은 한마디로 '재미를 만들어내는 능력'이라고 할 수 있다. 물론 그는 "이것이 내 내공의 바탕이다"라고 말한 적은 없다. 하지만 다른 작가와 그를 뚜렷하게 구별할 수 있는 힘의 근원이 무엇인지 다음 글을 통해 알 수 있을 것이다.

소설의 목표는 정확한 문법이 아니라 독자를 따뜻이 맞이하여 이야기를 들려주는 것, 그리고 가능하다면 자기가 소설을 읽고 있다는 사실조차 잊게 만드는 것이다. 한 문장으로 이루어진 문단은 글보다 말에 더 가까운 것이고 그것은 좋은 일이다. 글쓰기는 유혹이다. 좋은 말솜씨도 역시 유혹의 일부분이다. 만약 그렇지 않다면 어째서 그토록 많은 남녀가 저녁 식사를 마치고 곧장 침대로 직행하겠는가?[18]

글쓰기에 있어서 그가 가장 큰 비중을 둔 것은 독자를 유혹할 수 있는 매력이나 힘이다. 물론 그는 이것을 작품에서 완벽하게 구현해냈다고 말하지 않았다. 하지만 그의 작품이 독자들로부터 오랫동안 꾸준한 인기를 누리는 이유는 작가가 중시하는 것이 작품 속에 충분히 반영되었기 때문이라고 생각한다.

재미는 누구나 만들 수 있는 것이 아니다. 작가 자신이 글을 쓰면서 재미를 느낄 때 독자 또한 재미를 느낄 수 있다. 작가 스스로가 쓰면서 즐거움을 느끼지 못하는 글에는 독자도 흥미를 잃게 마련이다. 작가는 글을 쓰면서 자신의 글에 매료되어야 한다. 그래야만 다른 사람을 유혹할 수 있다. 이런 면에서 스티븐 킹은 독자를 즐겁게 만드는 데 탁월한 능력을 갖춘 작가다.

스티븐 킹은 글을 쓰면서 다른 사람의 작품을 많이 읽는 것을 가장 중요하게 여긴다. 그는 일 년에 70~80권을 읽는데 주로 다른 사람이 쓴 소설을 읽는다. 이는 연구나 학습에 목적을 둔 게 아니라 이야기를 좋아하기 때문이라고 한다. 스티븐 킹은 "독서야말로 작가의 창조적인 삶에서 핵심적인 부분이다"라고 강조하면서 많이 읽고 많이 써보라고 조언한다.

또한 스티븐 킹은 소설의 소재를 서정할 때 두 가지 아이디어가

조합을 이루면 새로운 '그 무엇'이 탄생하기도 한다고 강조한다. 평소 소재 찾는 일에 노력을 기울여야 아이디어의 조합이 원활하게 이루어질 수 있다.

이 세상에 '아이디어 창고'나 '소설의 보고'나 '베스트셀러가 묻힌 보물섬' 따위는 존재하지 않는다. 소설의 아이디어는 그야말로 허공에서 느닷없이 나타나 소설가를 찾아오는 듯하다. 전에는 아무 상관도 없던 두 가지 일이 합쳐지면서 전혀 새로운 무엇인가를 만들어내는 것이다. 그러므로 소설가가 해야 할 일은 아이디어를 찾아내는 것이 아니라 막상 아이디어가 떠올랐을 때 그것이 좋은 아이디어라는 사실을 알아차리는 것이다.[19]

베스트셀러 작가면서도 끊임없이 노력하는 스티븐 킹이야말로 내공인의 대표라 할 수 있을 것이다.

내공인을 만나다 | 진창현

끊임없는 노력이 하늘을 이긴다

전 세계에 다섯 명뿐인 '무감사(無監査, 작품 심사를 하지 않음) 마스터메이커 제작자' 중 한 사람이자 동양의 스트라디바리(북부 이탈리아 출신의 유명한 바이올린 장인 안토니오 스트라디바리가 만든 악기. 지금까지도 우수한 음색과 섬세한 반응, 단 650점만이 남아 있는 희소성으로 유명할 뿐만 아니라 2006년 경매 최고가격이 약 33억 4000만 원에 이를 정도로 고가에 팔리고 있다)를 제작하는 진창현 씨는 바이올린 제작의 명장이다.

1929년 경상북도 김천에서 태어나 일본의 메이지 대학교 영문과를 졸업한 후 그는 바이올린 제작에 뛰어들었다. 그리고 1976년 미국 필라델피아에서 열린 '국제 바이올린·비올라·첼로 제작자 콩쿠르'의 6개 부문 가운데서 바이올린 세공, 비올라 세공과 음향, 첼로 세공과 음향 부문 등 무려 5개 부문의 금메달을 획득할 정도로 현악기 제조 분야의 내공인으로 우뚝 섰다.

바이올린은 현에서 나온 음파가 동체에서 얼마나 아름다운 공명을 만들어낼 수 있는가에 따라 소리가 결정된다. 여기서 나무의 재질, 동체의 정교함, 동체를 이루는 나무판의 두께가 공명을 결정하는 요소다. 일반적으로 바이올린 제품은 수공품, 반수제품, 공장제품으로 나뉘는데, 바이올린은 다른 악기들과 마찬가지로 구조나 생산 공정이 단순하기 때문에 대량생산이 가능하다. 하지만 고가의 수공품 제작에는 여전히 고난도의 기술이 필요하다. 이런 기술은 책을 통해서 쉽게 배울 수 있는 종류의 것이 아니다. 셀 수 없이 많은 시제품을 만들고 시행착오를 거듭한 경험을 토대로 자신만의 독특한 기술을 습득했을 때 제대로 된 제품을 만들 수 있다. 두뇌에만 의존하지 않고 온몸으로 익혀야 한다는 점에서 '암묵적 지식' 가운데서도 최고 수준의 지식에 속한다. 또한 바이올린은 악기 중에서도 소리뿐만 아니라 모양 자체가 가진 아름다움 때문에 제작자가 미적 감각을 갖추고 있지 않다면 명품 악기를 만드는 일은 불가능하다.

물론 바이올린을 만드는 방법은 누구든 쉽게 배울 수 있다. 하지만 수공품 가운데서도 명품 악기를 만드는 제작자들은 그들의 비법을 자식들에게조차 전수하지 않는 경우가 흔하다. 때문에 최고의 음색을 만들기 위해 필요한 비법 관련 전문 자료나 책이 전해지지 않는다.

모두가 불가능하다고 여겼지만, 진창현 씨는 스스로 명품 악기를 만들 수 있는 능력을 갈고 닦아서 최고의 경지에 도달했다. 이런 점에서 그는 내공인 중에서도 고수에 해당하는 인물이다. 바이올린 제작의 길을 걸어오면서 그는 스승이라 할 만한 사람의 이름을 댈 수는 없지만 '명품 악기를 직접 보고 만진 경험, 자신 주변과 전 세계를 돌아다니면서 접한 자연'이 바로 스승의 역할을 했다고 회고한다.

그는 바이올린 제작자의 탁월한 능력, 즉 내공을 어떻게 이해하고 있을까? 진창현 씨는 바이올린 제작자가 갖추어야 할 기술에 대해 이렇게 말한다.

지렁이의 울음소리는 스트라디바리우스의 가장 약한 음향과 흡사하다. 이런 작은 동물이나 곤충이 발하는 소리의 상쾌하고 맑은 음질, 투명하면서 중심이 갖추어져 있는 충실한 음색으로 멀리까지 도달하는 들새들의 지저귐, 이른 봄의 들판에 피어나는 가볍고 선명한 황색의 꽃과 풀이 갖추고 있는 질감, 아름답고 따뜻한 진홍색으로 불타는 늦가을 야산의 나무들, 자연은 위대한 교실이다.

바이올린의 소리가 어느 정도나 변하는지 여기에서 들려 드릴 수 없는 것이 유감이지만 주음 전과 주음 후의 소리를 비교해보면 분명하게 알 수 있다. 사실 나는 약간의 조율만으로 바이올린 소리를 세 배 가격의 바이올린 소리와 비슷한 수준까지 끌어올릴 수 있다. 어떤 식으로 손을 보느냐에 따라 그렇게까지 큰 차이가 발생하는 것이다. 나는 이 기술을 스스로의 경험을 통하여 익혔다. 또 활줄을 바꾸는 것만으로도 세 배에서 네 배 가격에 해당하는 활과 비슷할 정도의 질로 향상시킬 수 있다. 모든 사람이 똑같은 작업을 하는 것처럼 보이지만 약간의 섬세한 차이가 실제로 소리를 내어보면 엄청난 차이로 나타난다.

하지만 이런 기술은 지금까지 불가능하다고 여겨졌다. 조율은 말 그대로 악기의 균형을 정돈하는 것이라는 정도의 인식밖에 없었고, 그 조율을 가격으로 환산할 경우에 몇 배에 해당하는 엄청난 부가가치를 만들어낼 수 있는 기술자는 아마 전 세계에서도 손으로 꼽을 수 있을 정도다. 이것은 감성의 문제로 옆에서 지켜본다고 해서 간단히 흉내 낼 수 있는 기술이 아니다.[20]

바이올린의 가장 중요한 기능인 음색을 제작하고, 조율하는 단계에서 이를 어떻게 구현할 것인가에 대한 진창현 씨의 설명은 바이올린 제작자가 발휘할 수 있는 내공에 대한 구체적인 언급이다. 그러나 이것만으로 충분하지 않다. 진창현 씨는 바이올린은 다른 악기와 달리 기능만 중요한 것이 아니라 아름다움을 표현할 수 있어야 한다고 말한다. 이 또한 바이올린 제작자가 갖추어야 할 내공의 또 다른 모습인 셈이다.

바이올린은 음악을 표현하는 도구임과 동시에 다른 악기에는 없는 예술적인 아름다움을 겸비하고 있다. 아무리 음색이 아름답다고 해도 외관에 심미적 요소가 결여되어 있으면 그 바이올린은 연주자의 마음을 사로잡을 수 없다. 바이올린은 '악기의 여왕'이라고도 불릴 정도로 아름다운 음질, 수려한 외모, 그리고 우아한 음향적 성능을 갖추고 있는 화려한 예술품이다. 고차원의 예술 세계에서는 인간이 인간에게서 배우는 지식이나 기술에는 한계가 있다. 고도의 기술이나 예술은 자신이 본래 갖추고 있는 감성을 연마하고 끊임없는 노력을 기울이는 것에 의해 창출된다.[21]

진창현 씨에 관한 글을 읽다가 자연스럽게 다음과 같은 의문이

들었다. '진창현 씨는 어떻게 그런 내공인의 경지에 도달할 수 있었을까?' 무엇보다 중요한 것은 노력이다. 이에 대해 그는 "기술자의 기술은 평범한 사람에게는 보이지 않는 것을 보고 생각할 수 없는 것을 생각하게 될 때까지 갈고 닦아야 완성된다. 그리고 그렇게 하려면 하나의 기술을 집중적으로 연구해야 할 필요가 있다"고 강조한다.

그의 인터뷰에는 내공을 키우기 위해 어떤 노력을 기울였는지 구체적으로 언급한 대목이 나온다. 이 방법의 핵심은 가능한 가설을 세운 후 실험을 통해서 가설을 입증하거나 혹은 버리면서 자신만의 보편적인 법칙을 만들어가는 것이다. 그가 단순히 숙련된 기술에만 의존하지 않고 좋은 소리를 내는 법칙을 발견하기 위해 과학적인 방법을 사용해왔음을 알 수 있다.

얼마나 좋은 소리가 나는가 하는 것은 제작자의 손재주와는 거의 관계가 없습니다. 손재주가 좋은 사람이 만들었다고 해서 용하게 가끔은 소리가 잘 나는 일도 결코 없습니다. 어떤 수준의 소리가 나느냐 하는 것은 전적으로 물리적 현상에 의존합니다. 이 물리적 현상을 구현하기 위해서 제작자는 상당한 노력과 시간을 들여, 항상 가설을 세우고 실험을 통해 보편적 법칙을 발견해나가야 됩니다. 이에는 제작자의 날카로운 감성이 큰 역할을 합니다. 높은 차원의 기술은 논문에서도 볼 수 없고, 아는 사람도 없습니다. 스스로 연구하는 과정에서 발견해야 합니다.[22]

물론 그는 자신의 미적 감각을 다듬기 위해서 아름다운 곳을 많이 보고 느꼈다. 그는 "대자연의 품속 깊이 파고들었고, 지구촌 이곳저곳을 유랑하면서 감성과 감각을 연마하기도 하고, 사고를 심화시켜 시야를 넓히기도 하고, 아름다운 감동이 있는 장소나 바이올린 제작에 필요한 소재가 있는 장소가 있다면 어디든지 찾아가는 수고를 아끼지 않았다"고 말한다.

그의 학습법도 주목할 필요가 있다. 그는 해결해야 할 문제에 대해서 집념을 가지고 집중적으로 생각하는 습관, 유명한 연주가들의 연주를 직접 듣는 경험, 우연히 스쳐지나가는 아이디어를 잡기 위해서 잠자리 주변에 필기 노트를 비치해두는 습관, "예술에는 만족과 체념은 금물이다"라는 기술자로서의 굳센 신념, 감수성과 직감을 연마하기 위해 119개국을 혼자서 다닐 정도의 여행 경험, 다양한 박물관과 미술관에 소장되어 있는 명품 악기와 명화 감상을 통한 안목 높이기 등의 노력을 게을리하지 않았다. 이런 노력이 그를 내공인으로 만든 것이다.

4장
내공은 자신만의 감각이다

내공인과 전문가 사이의 큰 차이 중 하나가 판단력이다. 예를 들어 예상하지 못한 위급 상황이 발생했다고 상상해보자. 한번이라도 비슷한 상황을 겪어본 전문가라면 어떻게 대처해야 하는지 과거의 경험 사례를 토대로 해결 방안을 유추해 현명한 선택을 할 것이다.

그러나 내공인과 전문가가 이제까지 한 번도 경험해보지 않은 비슷한 상황에 당면했다고 가정했을 때 두 사람의 선택 과정에는 큰 차이가 있다. 전문가는 이제까지의 경험을 총동원해 선택 가능한 조합을 생각한 뒤, 그 몇 가지 대안을 두고 고심을 거듭할 것이다. 갑이란 안을 선택했을 때 발생하는 편익과 비용, 을과 병이란 안이 가져올 편익과 비용 모두를 꼼꼼하게 챙길 것이다. 그럼에도 분명한 해답을 얻기 힘들다. 아무리 고심했다 하더라도 수많은 변수가 존재하므로 그 결과를 예측하기는 어려운 것이다. 또한 과거와 현재 사이에는 시간의 간격이 존재하므로 의사결정을 둘러싼 상황이나 환경 자체가 상당 부분 바뀌었을 수도 있다. 이런 이유로 과거의 풍부한 경험이 오히려 현명한 의사결정을 내리는 데 걸림돌이 될지도 모른다.

이런 일은 비즈니스 세계에서 자주 벌어진다. 놀라운 성과를 만들어 성공한 사람을 두고 우리는 비즈니스 세계의 전문가라고 부른다. 그러나 매일매일 급격한 변화가 이뤄지는 이 시대에 그들이 언제나 현명한 판단을 내릴 거라고 확신할 수 없다. 우리는 자신의 성공 경험이 가져다준 고정관념이나 선입견 때문에 오히려 어려운 상황에 처하게 된 경영자를 종종 만나기도 한다.

이때 내공인은 전문가에 비해 뛰어난 판단 능력을 발휘한다. 의사결정에 있어서 그들 역시 경험이나 지식이 가져다준 다양한 패턴으로부터 도움을 받는다. 그러나 내공인은 이성이나 논리 차원을 뛰어넘어 자신만의 독특한 감각을 소유하고 있다.

비즈니스에서 큰 성공을 거두고 오랜 기간 그 분야에서 일해온 창업자를 만나 대화를 나누다 보면 "업계가 대충 어떻게 돌아갈 것인지 보여요. 감각이라고 할까? 꼭 집어 설명할 수는 없지만 느낌으로 알 때가 많습니다"라는 이야기를 듣게 된다. 이때 그들의 표현에 자주 등장하는 감각은 내공인만이 가진 능력 가운데 하나다.

장인이 작업하는 모습을 지켜보면 일단 작품을 제작하는 단계에서 이성적이거나 논리적인 판단보다 오랜 세월 축적해온 그들만의 감각이 대단히 중요한 역할을 한다는 것을 알 수 있다. 물론 이런 감각이 그냥 생겨나는 건 아니다. 그것은 경험이나 지식, 훈련을 통해 발현되는 부분도 있지만 무의식적으로 발휘되는 경우가 많다. 어떤 사람은 이를 두고 '스파크'라는 표현을 쓰기도 하고, 어떤 사람은 '블링크'라는 용어를 사용하기도 한다. 이를 상세하게 묘사할 수 없지만 어떤 예기치 않은 상황에서 결정을 내려야 할 때 논리적이거나 이성적인 것 이상, 즉 감각에 의존해야 하는 경우가 많다. 우리는 자신의 분야에서 이런 감각을 갖추는 데 성공한 사람을 내공인이라고 부른다.

필요할 때 정확한 판단을 내리는 능력은 모든 분야에서 중요하다. 그것은 고객 심리나 시장이 앞으로 어떻게 바뀔 것인가에 대한 판단, 현재 투자 결정과 관련된 판단, 특정인을 고용하는 것과 관련된 결정, 여러 대안 가운데 가장 좋은 방법을 고르는 선택일 수도 있다. 이런 판단력은 예리함과 섬세함을 요구한다. 내공인과 전문가의 우열을 가리는 판단력은 옳고 그름, 좋고 나쁨을 결정하는 것처럼 흑백을 가리는 것과는 거리가 멀다. 그러니까 어둡게 보일 수도 있고 밝게 보일 수도 있는 중간지대, 즉 여명이 밝아 오는 새벽녘의 주변 풍광처럼 모호한 가운데서 판단의 실마리를 찾아내야 한다. 그때 본능적인 감각이나 느낌이 없으면 좀처럼 정확한 판단에 대한 근거를 확보하기가 어렵다. 이런 면에서 전문가는 내공인의 능력을 따라잡기가 힘들다.

서브프라임 위기가 닥쳤을 때 많은 전문가를 둔 시티그룹이나 메릴린치, 그 밖의 대형 금융기관은 엄청난 손실을 입었다. 이들 금융기관에서 오랜 경험을 쌓으며 높은 연봉을 받았던 전문가가 얼마나 많았는가. 이들과 달리 서브프라임 위기를 정확히 내다보고 성공 보수로 30억 달러(약 3조 원 상당)의 거액을 거머쥔 전문가가 있다. 그는 프라이빗 펀드를 운영하는 헤지펀드 매니저인 존 폴슨(John Paulson)이다. 미국인이 벌어들이는 연소득의 최빈값이 4만 8000달러이므로, 그는 일 년 동안 모두 6만 2500명에 해당하는 소득을 벌어들인 것이다. 이런 성공에 힘입어 그는 미국의 최고 갑부 150명 대열에 합류하게 되었다.

그는 어떻게 그런 판단을 내릴 수 있었을까? 그 역시 수많은 자료를 참고했다. 또한 복잡한 자료를 분석해 미래에 대한 전망치를 제시하는 다른 전문가처럼 노력했다. 하지만 당시 그는 여타 전문가와 다른 섬세하고 예리한 관찰력을 바탕으로 그만의 독특하고 감각적인 판단을 내렸다. 이것이 바로 그와 전문가를 구분하는 지점이다.

내공인은 미세한 변화를 감지하고, 이를 바탕으로 자신만의 독특한 의견을 제시할 수 있어야 한다. 전문가는 정규 교육 과정, 일정한 시간과 노력을 통해 오를 수 있는 단계인 반면에 내공인은 전문가와 같은 단계를 거치면서도 자신만의 감각을 온몸으로 익히는 데, 즉 체득하는 데 성공한 사람이라고 할 수 있다.

뉴욕 월가에는 주택시장이 붕괴되면서 손실을 입은 사람이 군단을 이룰 정도로 많다. 이런 위기에서 최고의 승자는 2년 전부터 위기를 감지하기 시작했던, 잘 알려지지 않는 헤지펀드 매니저 존 폴슨 씨다. '폴슨 앤드 코'라는 헤지펀드를 운영하는 존 폴슨 씨는 미국 주택시장 버블 붕괴를 예상하고 서브프라임 모기지(비우량 주택담보대출) 담보증권 가치하락 쪽에 돈을 배팅함으로써 2007년에 시장가치가 150억 달러까지 올라가게 되었다. 이런 역발상 투자 전략으로 폴슨 앤드 코는 무려 590퍼센트에 이르는 수익을 냈다. 그에게 돌아오는 성공 보수는 30~40억 달러(약 2조 8500억~3조 8000억 원)에 달할 전망이다. 이는 월스트리트 역사상 일 년 동안 벌어들인 성공 보수로 최고 액수에 해당한다.

워렌 버핏을 비롯한 많은 전설적인 투자가처럼 존 폴슨은 전통적인 투자 방법에 반기를 들면서 주목받게 되었다. 2006년 7월, 그가 펀드를 시작할 때만 하더라도 느슨한 대출 기준에 문제점이 있었지만 주택시장이나 모기지시장에서 문제가 발생하지 않을 거라는 예상이 우세했다. 지금 비우량 주택담보대출 때문에 큰 손실을 보고 있는 대다수의 월스트리트 전문가는 이런 생각을 믿는 쪽에 섰던 것이다. 이에 대해 존 폴슨은 "대부분 사람은 우리에게 주택 가격은 내려가지 않을 것이며, 서브프라임 모기지 역시 어려움을 겪지 않을 것이라고 말했습니다. 그들은 지나치게 주택 가격 상승 붐에 사로잡혀 있었던 거지요"라고 말했다. 그는 투자자 대다수가 '군중심리(the blundering herd)'에 사로잡혀 있었을 때, 그들과 다른 의견을 가지고

주택시장과 모기지시장에 대한 반대 의견에 배팅하는 기술을 발휘했던 것이다.[23]

미세한 변화를 알아차리고 그에 따른 적절한 판단을 내림으로써 월가의 최대 수익을 올린 폴 존슨이 계속 선전할 수 있을지는 두고 봐야 한다. 그의 성공이 계속 이어진다면 그는 당연히 내공인의 위치에 설 수 있을 것이다. 사실 이것이 그에게 첫 번째 승리는 아니었다. 이 승리는 그가 그동안에 쌓아온 경험과 지혜가 만들어낸 결과물이다.

올해 52세가 되는 폴 존슨은 '오디세이파트너'를 운영하는 또 한 명의 전설적인 투자가 레온 레비(Leon Levy)와 함께 일하면서 이미 성공 스토리를 만들어낸 바 있다. 15년 장시간에 걸친 주택 경기 냉각기에 그는 뉴욕의 아파트와 롱아일랜드 햄튼의 대형 주택을 사서 큰 수익을 올렸다. 이후 몇 개의 투자은행을 거친 그는 1994년 매수합병 중심의 헤지펀드를 시작하던 해에 200만 달러를 벌었고, 2002년에는 그것을 5억 달러로 성장시켰다. 인생은 대박이 아니라 축적의 미학이라는 사실을 다시 한 번 확인할 수 있는 이야기다.

주택 분야에서 걸출한 성과를 내는 W사를 방문한 적이 있다. 그 기업의 회장은 주택 분야에서 잔뼈가 굵은 사람이었고, 그의 아들은 체계적인 공부를 마친 다음 업계에 뛰어들어 사장직을 맡고 있었다. 대화를 나누면서 두 사람 모두 일하는 자체를 즐긴다는 생각이 들었다. "앞으로 업계의 미래를 어떻게 보십니까?"라는 내 질문에 회장은 자신만의 독특한 관점이 묻어나는 견해를 거침없이 펼쳐보였다. 나는 '아, 이 사람이야말로 내공인이구나'라고 감탄할 수밖에 없었다.

다른 곳으로 이동하면서 업계에 뛰어든 지 15년째 된 아들에게 "이제 좀 보이지요?"라는 질문을 던졌다. 그러자 그는 "10년 정도 지나니까 조금씩 보이기 시작하는데, 아버지에 비하면 아직 한참 멀었습니다"라고 대답했다. 아버지는 내공인, 아들은 전문가라고 할 수 있을 것이다. 두 사람 모두 자신의 일을 즐기면서 그 원리를 규명하려는 노력을 통해 그와 같은 경지에 도달하게 되었다는 생각이 들었다.

내공인을 만나다 | **앤드류 그로브**

편집광만이 살아남는다

인텔의 CEO와 회장을 지낸 앤드류 그로브(Andrew Grove)는 1968년 로버트 노이스(Robert Noyce), 고든 무어(Gordon E. Moore)와 함께 인텔을 창업했다. 그가 CEO로 있던 1980년대 인텔은 일본 경쟁기업의 본격적인 공격으로 인해 중요한 수입원이었던 메모리칩 사업이 기울면서 심각한 위기에 처하게 되었다. 1980년대 초반부터 일본 반도체 기업들은 인텔을 앞서나가기 시작했고, 1984년에는 시장점유율에서 우위를 차지하게 된 것이다. 그러자 인텔은 컴퓨터의 두뇌에 해당하는 마이크로프로세서를 중심으로 하는 변화를 시도했는데, 당시 주도적인 역할을 한 사람이 앤드류 그로브다.

인텔이 마이크로프로세스 분야에서 기술적인 우위를 차지할 수 있었던 것을 두고 스탠퍼드 대학교의 로버트 버겔만 교수는 "뚜렷한 계획의 산물이라기보다도 상당한 행운이 함께했다"고 말했다. 1980년대 초반 인텔이 마이크로프로세서를 개발할 당시 고위경영진은 이 칩을 장착할 수 있는 50개 리스트에 퍼스널컴퓨터는 아예 포함시키지도 않았다. 그러나 고객과 접촉이 잦았던 혁신적 성향을 띤 중간 간부와 엔지니어가 IBM 퍼스널컴퓨터에 마이크로프로세서를 장착하는 것을 포함해 인텔이 메모리 분야에서 마이크로프로세서로 이동하는 전략적 선택을 주도했다. 일이 개발 당시의 계획과는 다르게 흘러간 것이다. 이는 비즈니스에서 많은 일이 정교한 계획에 따라 움직이지 않는다는 사실을 말해준다. 때로는 우연한 기회가 큰 역할을 하게 된다.

아무튼 앤드류 그로브가 CEO로 있을 때 인텔의 시장 가치는 180억 달러에서 1970억 달러에 이르는 급성장을 이룩했다. 당시의 기준으로 세계에서 가장 가치 있는 회사가 된 것이었다. 그리고 그는 1997년 〈타임〉지의 '올해의 인물'로 선정되기도 했다.

앤드류 그로브에게 사업가의 내공은 바로 판단력이었다. 그는 정확하게 극적인 변화의 시점을 읽어내고, 판단에 따라 적절히 준비하는 것을 내공의 원천으로 삼았다. 그로브는 《편집광만이 살아남는다》에서 산업의 근본적인 변화가 일어나는 시점을 '전략적 변곡점'이라 표현하고, 이를 정확히 읽어내는 능력이야말로 기업가에게 가장 중요한 능력이라고 말했다.

전략적 변곡점은 기존의 모든 구조, 즉 경영방식, 경쟁방식 등을 이루던 영향력 사이에 새로운 균형이 등장하는 지점이다. 전략적 변곡점 이전에는 모든 것이 예전과 다를 바 없지만, 전략적 변곡점 이후에는 새로운 상황이 전개된다. 마치 곡선이 아주 미묘하지만 완전히 다른 방향으로 휘기 시작해 이전과는 달라지듯이 말이다.

당신이 전략적 변곡점의 본질을 이해하고 이에 적절히 대처한다면, 전략적 변곡점은 당신이 경영하는 기업의 번영을 지켜줄 것이다. 경영자만이 새로운 방식으로 기업의 위기 상황을 번영으로 전환하는 임무를 해낼 수 있다.[24]

전략적 변곡점을 전후해서 기업은 문제 해결책과 나아가야 할 방향에 대해 격심한 논쟁에 빠져들게 된다. 경영자는 과거의 방식이 더 이상 통하지 않는다는 사실을 간파하고 결정적인 방향 선회를 정해야 하지만, 이는 실제로 과거와의 결별을 의미하기 때문에 결정하기가 쉽지 않다. 인텔이 더 이상 과거의 방식이 통하지 않는 현실을 직시하고 조치를 취하기 시작한 것은 1986년 중반의 일이다. 이때가 되어서야 메모리칩으로 일본 기업과 경쟁하는 일이 불가능하다고 느끼고 방향 선회를 시도한 것이다. 만약 그때 과거의 방식에 연연했다면 오늘날의 인텔은 존재하지 않을 수도 있었다.

이런 판단의 전적인 책임은 결국 최고경영자가 질 수밖에 없다.

그래서 앤드류 그로브는 전략적 변곡점을 판단하는 능력에 대해 "경영, 특히 위기 때의 경영은 극히 개인적인 문제다"라고 잘라 말했다. 한마디로 주변의 임원이나 컨설턴트의 도움을 받을 수도 있겠지만, 결국 CEO의 판단 능력이라는 것이다.

그러나 앤드류 그로브 역시 전략적 변곡점을 포착하는 데 언제나 성공한 것은 아니었다. 자신이 잘 아는 분야에서는 전략적 변곡점을 잘 포착해 인텔에 큰 성장의 기회를 가져다주었지만, 자신이 잘 모르는 미지의 분야에서는 좋은 기회를 놓치기도 했다. 그가 경영자의 내공이라고 중요하게 지적했던 전략적 변곡점을 읽어내는 능력은 자신의 분야에서는 큰 성공을 이끌어냈지만, 새로운 사업 분야의 진출에서는 오히려 걸림돌이 되고 말았던 것이다. 이는 내공인이 모든 게임에서 승리하기가 얼마나 힘든가를 드러내는 단적인 예다.

앤드류 그로브는 집중력이 강하며, 주변 사람들에게 생존의 중요성에 대해 끊임없는 역설하는 인물이다. 이 같은 특성은 그의 유년기와 청소년기의 가혹한 생존 경험으로부터 나온 것이다. 헝가리 출신인 그는 독일 병사가 유대인이 사는 이웃집에 침입해 그들을 끌고 가는 장면을 목격했으며, 헝가리가 공산화된 다음 아버지 회사가 국유화되는 아픔을 겪기도 했다. 대학 1학년이던 1956년에는 헝가리 의거가 공산당에 의해 진압되자 목숨을 걸고 오스트리아 빈으로 탈출하여 어렵게 미국까지 왔다.

그의 자서전 《앤드류 그로브의 위대한 수업》을 읽으면서 감수성이 예민한 시기에 생존이란 문제를 두고 이 정도로 고심했다면 평생 그것으로부터 자유로울 수 없었을 거라는 생각이 들었다. 〈포브스〉와의 인터뷰에서 그는 "편안하게 안주하는 생활에서 벗어나게 해주는 것은 두려움이다. 그것은 불가능해 보였던 어렵고 힘든 일을 가능하게 만들어준다. 육체적인 고통을 경험한 사람이 더 열심히 건강 유지에 노력하는 것과 마찬가지다"라고 말한 적이 있다. 그는 '편집광만이 살아남는다'라는 말을 자신의 모토로 삼지 않을 수가 없었던 것이다. 앤드류 그로브의 드라마틱한 삶은 본업에서는 큰 성공을 가져다주었지만, 새로운 비즈니스의 개발에는 유연성 부족이라는 문제점을 낳았다. 내공은 때로는 성공을, 때로는 실패를 가져다줄 수 있음을 나타내는 멋진 사례 가운데 하나다.

내공인을 만나다 | 워렌 버핏

관심과 에너지를 집중하다

금세기 최고의 투자가, 투자만으로 세계 최고의 부호가 된 사람이 워렌 버핏(Warren E. Buffett)이다. 그는 1941년 4월, 11세가 되던 해에 작은 규모지만 주식을 매수하기 시작했고, 14세 되던 해부터 신문배달로 벌어들인 1000달러 수입에 대해 세금을 납부하기 시작했다. 26세에 투자조합을 결성한 후 반세기 이상 연평균 25%의 수익률을 기록한 놀라운 능력을 가진 이 사람을 내공인으로 선택하는 데 아무도 이의를 제기하지 않을 것이다.

워렌 버핏은 아버지로부터 단 한 푼의 재산도 물려받지 않았다. 1942년부터 1948년까지 공화당 하원의원으로, 1950년부터 1952년까지 의회에서 일했던 하워드 버핏은 60세의 나이로 세상을 떠날 때 당시로서 거액인 56만 3293달러의 유산을 남겼지만 이 가운데 워렌 버핏의 몫은 없었다. 아버지는 아들의 투자 포트폴리오를 보고 그가 더 많은 부를 축적할 것이라 믿었기 때문이다. 당시 31세로 세 아이의 아버지였던 워렌 버핏은 오로지 아버지의 소소한 개인 소장품을 받았을 뿐이다. 때문에 오늘날 우리가 목격하고 있는 워렌 버핏의 거대한 재산은 오로지 그의 뛰어난 판단력과 통찰력만으로 빚어진 결과물이다.

1956년 5월 1일, 26세의 버핏은 가족 4명과 친구 3명으로 구성된 투자조합을 만들었다. 그는 자신의 침실 옆에 있던 조그만 방에서 일을 시작했다. 재택근무라는 방식은 당시로서도 파격적인 선택이었기 때문에 지도교수였던 벤저민 그레이엄과 아버지가 반대하기도 했다. 하지만 그때 투자에 동참할 것을 권유받았던 지인들 가운데 한 사람이 버핏에게 1만 달러를 맡겼다면 그 돈은 투자조합을 해산한 1970년에는 16만 달러라는 거액으로 늘어나 있었을 것이다. 버핏 투자조합은 1957년부터 1966년까지 10년 동안 1156%의 수익을 올렸다. 이런 수익률은 다우지수의 10배에 해당하는 놀라운 수치다. 만일 초기의 투자조합 참가자가 그 돈을 찾아가지 않고 버핏이 투자 수단으로 활용한 회사 '버크셔 해서웨이'의 주식으로 전환하는 데 동의했다면 오늘날에는 무려 2억 590만 달러라는 거액이 되어 있을 것이다.

　그는 투자가가 갖추어야 할 탁월한 능력, 즉 내공을 어떻게 이해하고 있을까? 그는 주변의 지배적인 통념이나 믿음에 크게 좌우되지 않고 자신만의 관점을 유지할 줄 알았다. 다시 말하면 대세가 무엇이든 크게 개의치 않았고 스스로 납득할 수 없다면 절대로 가볍게 움직이지 않았던 것이다. 2000년을 전후로 하여 IT 열풍이 휘몰아칠 때도 버핏은 주변의 열띤 분위기에 아랑곳하지 않고, 자신의 관점을 고수했고 이 때문에 손실을 보지 않았다.

아버지가 주식 중개인으로 일하던 '해리스 업햄'에서 주가를 기록하는 일을 도우면서 배운 귀한 교훈은 평생 동안 그의 결정에 큰 영향을 미쳤다. 그 교훈은 바로 귀가 얇아선 안 된다는 것이었다. 훗날 버핏은 "다른 사람들이 하는 말에 끌려 다니지 말고, 다른 투자자들에게 지금 자신이 무엇을 하고 있는지 절대 얘기하지 말라"라는 깨달음이었다고 회고한다. 이 같은 깨달음은 컬럼비아 대학교에서 만난 벤저민 그레이엄 교수의 지도에 의해서 더욱 단단해진다. 그레이엄 교수가 가르쳐준 교훈은 다른 사람들이 뭐라 하는지, 다시 말해 타인이 당신의 판단에 대해서 동의하는지 하지 않는지는 조금도 중요하지 않다는 것이었다. 타인의 의견에 무비판적으로 동의하지 말라는 생각은 1965년 버핏 투자조합의 조합원들에게 보낸 편지에도 잘 드러나 있다. 그는 그 편지에 다음과 같이 적었다.

우리는 중요 인사나 영향력을 가진 사람 혹은 절대 다수가 우리의 의견에 동의한다고 해서 안도하지 않을 것이며, 그들이 우리의 의견에 동의하지 않는다고 해서 우려하지도 않을 것입니다.[25]

버핏은 자신의 관점이나 원칙, 객관적인 사실을 꼼꼼히 검토하고 스스로 납득할 수 있을 정도로 확신에 찼을 때 비로소 움직였던 것이다. 이제 그에게 빛나는 성과를 가져다준 대표적인 투자 원칙에 대해서 알아보자.

우리의 투자가 성공할지 실패할지는 우리의 분석이 얼마나 정확한가에 따라 좌우될 것입니다. 다시 말해서, 우리는 언제 투자해야 하느냐가 아니라 무엇에 투자해야 하느냐에 집중해야 합니다. 추측이나 감정에 의지해서 장기적인 수익이 있는 사업에 투자할 것인가 말 것인가를 결정하려고 한다면, 우리는 난관에 봉착하게 될 것입니다. 용한 점쟁이한테 가서 시가가 내릴 것 같다는 말을 들었다고 해서, 주가가 한참 오르고 있을 때 주식을 팔지는 않을 것입니다.[26]

탁월한 실적과 안정적인 재무 상태를 유지하는 기업의 주가가 내재적인 가치보다 훨씬 낮은 가격으로 팔리고 있다면, 이 주식을 사는 것 말고는 다른 대안이 없다. 훌륭한 투자 기회는 탁월한 기업의 주가가 잘못 평가되는 예외적인 상황을 찾을 때 찾아온다.[27]

주식투자는 간단하다. 뛰어난 기업의 주식을 그 기업의 내재적 가치보다 적은 대가를 치르고 사기만 하면 된다. 그런 다음 주식을 영원히 소유하는 것이다.[28]

우리는 그저 정직하고 능력 있는 사람들이 운영하는 펀더멘탈이 좋거나 뛰어난 기업들을 사려고 노력할 뿐이다. 그것이 내가 하려고 애쓰는 일의 전부다.[29]

나는 매일 〈파이낸셜 타임스〉를 읽지만 경제계의 저명한 누군가가 쓴 '내가 생각하는 내년의 모습'이라는 헤드라인이 있으면, 그 기사는 읽지 않는다. 그 기사를 읽을 시간에 나는 기업을 연구한다. 나는 예언에는 관심이 없다.[30]

현재 워렌 버핏은 '버크셔 해서웨이 인터내셔널'의 30% 이상의 지분을 갖고 있으며 개인적으로 다양한 주식을 보유하고 있지만, 자신이 가진 개인 포트폴리오는 자세히 알려져 있지 않다. 그러나 버핏이 어떤 기업에 관심을 갖고 있는지는 버크셔 해서웨이의 투자 목록을 살펴보면 된다. 가이코, 아메리칸 익스프레스, 웨스코 등의 금융과 보험업, 코카콜라, 시즈캔디, 앤호이저부시 등과 같은 식품업, 나이키, 텍스터 슈 등과 같은 의류와 신발업, 워싱턴포스트, 월트 디즈니, 타임워너 등의 미디어와 출판업, 네브래스카 퍼니처 마트, 스타 퍼니처 등의 가구업, CTB 인터내셔널, USG 코퍼레이션 등의 건축업, 월마트, 질레트, 테스코, 코스트코 등과 같은 제조업과 유통업 등 다양한 분야에 투자를 해왔다. 그의 투자는 거의 대부분 장기투자 형식을 취하였으며 투자수익률이란 면에서 혁혁한 성과를 거두어왔다.

이런 투자 활동 중에서 그의 탁월한 판단력과 통찰력을 보여주는 대표적인 사례들 가운데 하나로 1970년대의 워싱턴포스트 그룹에 대한 투자를 들 수 있다. 버핏이 워싱턴포스트 그룹 주식을 매수한 일은 버핏의 투자 가운데서 가장 훌륭한 투자로 평가받고 있다. 당시만 하더라도 어느 누구도 미디어 주식을 거들떠보지 않았다. 그러나 워렌 버핏은 보통의 투자자들과 완전히 다른 시각으로 미디어업에 접근하였다. 독점적인 판매망이나 유통망을 가진 신문사나 방송국은 신문·방송 서비스를 판매하는 것에 그치는 것이 아니라 그 매체에 광고를 싣고 싶어 하는 다른 사업체들이 늘 존재한다는 사실에 주목한 것이다. 버핏은 "독점적인 방송국이나 신문사가 다른 사업체의 총매출액 가운데 일정 퍼센트를 로열티로 받고 있다"라고 가정했다.

이처럼 독특한 시각으로 특정 업종의 본질을 진단한 것이 그가 워싱턴포스트나 타임워너 등에 투자하게 된 주요한 원인이다. 1973년 봄과 여름에 걸쳐 1046만 달러어치의 워싱턴포스트 그룹의 주식을 매수하였는데 이는 당시 워싱턴포스트 그룹 주식의 10%에 해당하는 지분이었다. 버크셔 해서웨이는 현재까지도 약 18퍼센트를 소유하고 있다. 당시 주당 4달러로 매입한 버핏은 워싱턴포스트 그룹의 시가총액을 4억 달러 정도로 추정하였다. 하지만 1975년과 1992년 사이에 워싱턴포스트 그룹이 주식의 43%를 시장에서 되사들인 비용은 주당 60달러였다. 워싱턴포스트 그룹에 대한 투자는 그에게 '투자의 달인'이라는 명성과 함께 무려 50배 이상의 수익을 남겼다. 주식 시장의 상황에 일희일비하지 않고 남들이 좀처럼 알아채지 못하는 기업의 내재가치를 찾아내는 일을 그는 지금도 즐기고 있다. 그는 2004년 10월 21일, 조지워싱턴 경영대학원에서 열린 한 강연에서 "어떤 남자들은 여자를 좇습니다. 나는 기업을 좇습니다. 나는 돈을 투자할 때가 가장 행복합니다. 그 이상의 즐거움은 상상조차 할 수 없습니다"라고 말했다.

일찍이 프리드리히 하이에크는 "경쟁은 발견적 절차"라고 말했다. 사업이 결국 숨겨진 가치를 발견하는 일련의 과정이라면 여기서 결정적인 역할은 기업가들이 맡는다. 이렇게 보면 워렌 버핏은 최고수에 이른, 즉 내공을 가진 기업가다.

그렇다면 버핏은 그에게 엄청난 부를 가져다 준 판단력과 통찰력을 어떻게 키워왔을까? 그 핵심 비밀은 버핏의 아내인 수전 버핏의 한 마디, 즉 그녀의 남편은 "책 한 권과 60와트 전구만 있으면 행복해 할 사람"이라는 말에서 추측해볼 수 있다. 1994년 10월 11일, 〈오마하 월드 헤럴드〉와 가진 인터뷰에서 버핏은 독서가 그의 삶에서 큰 부분을 차지한다는 사실을 이렇게 표현했다. "나는 책을 읽는 데 많은 시간을 보낸다. 아마 하루에 최소한 6시간이나 그 이상일 것이다. 전화를 하며 한두 시간을 보내고, 나머지 시간에는 생각을 한다."

특히 그는 관심 가는 기업의 대해서 속속들이 알 수 있을 때까지 각종 자료를 열심히 읽었다. 버핏은 자신의 업무 시간 대부분을 읽고 생각하는 데 보낸다고 한다. "우리는 업무 시간의 대부분을 읽는 데 할애한다. 그것이 우리가 하고 있는 일의 거의 전부다"라고 말할 정도다. 그리고 관심과 에너지를 분산하지 않고 소수의 업체에 집중했고, 특정 기업을 완전히 알기 전에는 투자를 행하지 않을 정도로 완벽함을 추구하였다. 버핏은 1995년 버크셔 해서웨이 정기주주총회에서 "어떤 기업의 주식을 살 때 가장 먼저 생각하는 것은 '내가 그 기업을 이해할 수 있는가?'이다"라고 말했다.

버핏은 사람들은 이것저것 모두 다 잘하기 힘들다는 내용의 인상적인 말을 남기기도 했다. 그러니까 버핏의 용어를 빌려 표현하자면 인간에게는 '역량의 범주'가 있다는 것이다. 한마디로 '자신의 능력 범위 안에서 투자하라'라는 조언이다. 일이든 인생이든 자신이 잘 할 수 있는 범위 내에서 시작해야 하고, 실력을 쌓아가면서 점차 그 범위를 확대하면 된다. 그는 투자 범위를 지나치게 확장하지 않고 자신의 역량이 허용하는 범위 내에서 집중적으로 연구해 저평가된 기업을 찾아냈다. 1956년부터 1980년대까지 그의 투자 목록에는 시즈캔디, 워싱턴포스트, 가이코 등과 같은 미국 내 기업들이 주를 이루었다. 1990년대 들어서야 비로소 코카콜라나 질레트 등과 같이 국제적인 면모를 갖춘 기업들로 투자를 확대한다. 착실히 자신의 역량 범위 내에서 투자 목록을 넓혀왔음을 알 수 있다.

오랜 연구를 통해서 워렌 버핏의 평전을 집필한 앤드류 킬패트릭은 "저평가된 사업체들을 분석해내는 그의 능력은 예리한 비즈니스 감각과 기자로서 갖추어야 할 취재력의 합작품이라고 할 수 있다"고 말했다. 아마도 워렌 버핏의 머릿속에는 기업의 내재가치를 측정할 수 있는 자신만의 독특한 모델이 있는 것이 분명하다. 그 모델의 기본에는 지도교수 벤저민 그레이엄의 가치투자이론이 있었던 것으로 보인다. 그는 이를 무비판적으로 수용하지 않고 자신만의 독특한 모델로 변형시킴으로써 투자업계에서 최고의 내공인 자리에 우뚝 서게 되었다. 2002년 버크셔 해서웨이의 주주총회에서 버핏은 가치투자에 대한 자신의 믿음을 "현명한 투자는 모두 가치투자다. 여러분이 지불한 것보다 더 많이 얻는 것이다. 투자란 몇 군데 훌륭한 회사를 찾아내어 그저 엉덩이를 붙이고 눌러앉아 있는 것이다"라고 요약해서 강조한 바가 있다.

그와 오랜 투자인생을 함께 한 버크셔 해서웨이의 부회장 찰스 T. 멍거는 워렌 버핏이 가진 핵심 경쟁력은 기업을 알아볼 수 있는 통찰력이었다고 말한다. 결국 워렌 버핏의 내공은 판단력과 통찰력으로부터 나온 것이다.

> 버크셔 해서웨이와 축적된 수십억의 금액을 살펴보면, 대부분이 가장 좋았던 열 번의 통찰의 기회에서 나왔습니다. 그리고 그건 아주 명석한 인물 워렌 버핏이 있었기에 가능했습니다. 그는 나보다 훨씬 더 유능하고, 단련이 잘 되어 있으며, 그 일에 평생을 바친 사람입니다. 그에게 통찰의 기회가 단 열 번뿐이었다는 뜻은 아닙니다. 중요한 건 대부분의 돈이 그 열 번의 통찰의 기회에서 나왔다는 것이지요.[31]

5장
내공은 창조력이다

내공인과 전문가 사이에 뚜렷한 차이가 보이는 또 하나의 영역은 창조하는 능력이다. 누구도 생각할 수 없던 새로운 개념과 아이디어를 창조해내는 힘은 전문가와 비교했을 때 내공인이 단연 뛰어나다. 물론 전문가 역시 개선과 혁신 분야에서 상당한 수준에 도달한 사람이다. 그러나 이제까지 존재하지 않던 새로운 '그 무엇'을 만들어낸다는 점에서 전문가는 결코 내공인에게 대적할 수 없다. 전문가가 주어진 일에서 최고의 성과를 올리는 사람이라면 내공인은 새로운 문제를 발견하고 정의해서 다른 사람은 생각하지도 못했던 놀라운 결과물을 내놓는 사람이다.

창조란 무엇인가? 창조는 세상 사람이 일찍이 눈여겨보지 못했던 문제를 스스로 정의해서 "이것이 바로 문제이며, 내가 이 문제를 해결했다"라고 외치는 과정이다. 작가의 세계를 보자. 소설이나 시를 쓰는 사람이라면 누구나 출판이라는 등용문을 통해 소설가와 시인으로 자리 잡게 된다. 그들 가운데 빈도의 차이는 있겠지만 대부분 꾸준하게 작품을 내놓는다. 그러나 그중에서도 잊어버릴 만하면 깜짝 놀랄 만한 작품으로 자신의 존재를 새롭게 각인시키는 작가가 있다. 이런 작가를 보통 작가와 구분해 내공인이라고 부를 수 있을 것이다. 그들에게는 작품 소재가 궁할 때가 없으며, 과거의 작품을 재탕하지도 않는다. 그들은 생활 속에서 항상 새로운 작품의 소재를 찾아내고, 이를 근사한 작품으로 완성시켜 나가는 저력을 가졌다.

예술가 가운데 창조 면에서 최고의 수준까지 오른 인물을 꼽으라면 피카소가 아닐까 싶다. 수많은 작품 가운데 그가 최고의 걸작으로 생각했던 작품은 〈게르니카〉다. 이 작품은 1937년 4월 26일 프랑코 군에 가담한 독일 폭격기가 스페인의 바스크 지방 작은 마을에 무자비한 폭격을 가함으로써 수천 명이 사망한 비극을 화폭에 담은 것이다. 이 작품은 1937년 만들어졌으며, 그의 나이 쉰다섯이었다. 피카소를 연구하는 사람은 〈게르니카〉야말로 최고의 작품이라고 평한다. 하지만 그는 그 후로도 35년을 더 살면서 수천 점의 작품을 더 남겼으며, 그의 작품 소재와 장르는 계속 확대되어갔다. 상업적인 도자기에서부터 초현실주의 풍의 소품에까지 손을 댄 그는 1940년대에는 공산당에 입당해 정치 활동을 하기도 했다.

다음과 같은 견해는 정도의 차이가 있을지 모르지만 대부분의 내공인이 추구하는 직업 세계의 모습일 것이다.

내가 나 자신을 반복해서 흉내 낼 것이라고 기대하지 말라. 과거는 더 이상 내게 흥밋거리가 되지 못한다. 나 자신을 베낄 바에야 차라리 다른 사람을 모방하겠다. 그러면 적어도 새로운 면을 추가할 수는 있을 테니 말이다. 아무튼 난 새로운 걸 발견하기를 좋아한다. 화가란 결국 무엇이겠는가? 다른 사람의 소장품에서 본 그림을 그려서 자신의 소장품으로 만들고 싶은 수집가가 아니겠는가. 시작은 이렇게 하더라도 여기서 색다른 작품이 나오는 것이다.[32]

작가뿐 아니라 기획자나 마케터, 엔지니어도 마찬가지다. 자신의 상품이나 서비스, 아이디어가 개인적인 만족에 머무는 것이 아니라 이제까지와는 완전히 다른 차별성을 띠면서 수많은 고객으로부터 뜨거운 박수를 받는다면 우리는 여기에 창조라는 말을 쓸 수 있다.

그런데 창조는 과연 어디로부터 나오는 것일까? 내공인은 오랜 수련 기간을 거치면서 처음에는 어렴풋하게 자신만의 창조력을 표현하는 일종의 메커니즘을 만들어낸다. 그리고 창조 경험이 지속적으로 쌓이면서 나름대로의 틀을 갖추게 된다. 물론 이런 과정에서 모든 시도가 항상 성공을 거두는 것은 아니다. 실패 경험도 자신만의 특별한 창조 메커니즘을 만들어내는 데 크게 기여한다.

전문가로서 탁월한 업적을 만들어낸 경험이 많은 사람이라면 구체적으로 정확하게 묘사할 수는 없지만 자신의 두뇌에 창조라는 상품을 만들어내는 공장이 지어져 있다는 느낌을 가지고 있을 것이다. 이런 공장은 어디서 살 수 있는 것도, 쉽게 복사해서 자기 것으로 할 수 있는 것도 아니다. 그것은 오랜 경험과 이론, 자신의 견해가 더해지면서 나타난 일종의 독특함과 같다.

일단 이런 공장을 짓는 데 성공한 사람은 세상의 모든 장소나 만남 자체가 창조의 원천으로 바뀐다. 그래서 그들은 늘 일상 속의 잦은 만남과 사소한 풍경 속에서도 아이디어나 문제 해결의 실마리를 찾고 자신의 분야와 연결시킬 수 있다. 이런 과정에서 무궁무진한 창조를 위한 구상이 틀을 갖추어가는 것이다. 모든 구상은 스쳐지나가는 단순한 아이디어에서 시작되어 스케치나 메모 형식으로 보관되었다가 현실적으로 상품화가 가능한 것인지 이성과 논리를 통해 검증받은 후, 보다 구체화된다.

이 일련의 과정을 통과한 아이디어는 비로소 창조 활동을 거쳐 고객에게 기쁨과 감동을 선사할 수 있는 상품으로 탈바꿈한다. 누군가 그런 창조 메커니즘을 정확하게 묘사하고, 그것이 작동하는 과정을 타인에게 상세히 설명할 수 있다면 이는 정말 대단한 일이 될 것이다.

《공병호의 독서노트: 창의력 편》에서도 언급했듯이 그동안 나는 표면에 드러난 창조 활동의 결과물이 아니라 창조를 낳은 메커니즘 자체에 관심을 표명해왔다. 하지만 이제까지 창조 메커니즘을 구체적으로 설명하는 데 성공한 연구자는 거의 없었다. 물론 이런 과정을 단편적으로 소개하는 경우는 있었지만 말이다.

다음에 소개하는 스탠 라이의 책은 이런 점에서 뛰어나다고 할 수 있다. 그는 한마디로 인간의 창조 공장 자체를 해부하고 있다. 따라서 이에 관심을 가진 독자는 이 책에서 스스로 창조 공장을 만드는 데 도움을 얻을 수 있을 것이다.

스탠 라이의 《어른들을 위한 창의학 수업》을 읽었을 때 대단하다는 탄성이 저절로 터져 나올 정도로 창조 메커니즘의 핵심이 잘 정리되어 있었다. 창조력과 관련된 창조 메커니즘을 이렇게 쉽게 체계화할 수 있다는 사실이 놀랍기 그지없었다. 그는 창조력에 대해 "새로운 작품을 집필하는 고통을 거듭 겪고 오랜 세월 발버둥 친 끝에 언제부턴가 나는 그 신비로운 과정을 점차 이해하게 되었고, 창작에 대해 약간의 깨달음을 얻었다고 감히 말할 수 있게 되었다"고 서술한다.

스탠 라이는 창조력 대신에 창의성이란 용어를 사용했는데, 그는 창의성을 "참신함(독창성과 예측 불가능성)과 적합성(용도에 부합하고 목표에 의해 설정된 한계에 부합함)을 갖춘 작품을 생산해낼 수 있는 능력"이라고 정의했다. 그가 제시하는 창조 메커니즘은 예술가뿐 아니라 고객을 상대로 무엇인가를 창조해야 하는 대부분의 직업인도 그대로 적용할 수 있다.

스탠 라이는 창의성을 두 가지 영역의 조합으로 이해한다. 앞의 정의에서 참신함은 '구상'의 영역에 속하고, 적합성은 '실행'의 영역에 속한다. 구상과 실행을 또 다른 용어로 설명하면 욕망과 표현, 감성적 작업과 이성적 작업, 영감과 제작, 내용과 형식 등으로 표현할 수도 있다. 우리가 흔히 창의성을 이야기할 때 사용하는 '창작'이란 말은 구상에 해당하는 '창(創)'과 실행에 해당하는 '작(作)'의 조합으로 이해할 수 있다. 이것이 창조적 메커니즘에 대한 그만의 독특한 접근법이다.

창조는 크게 두 가지 프로세스가 합쳐질 때 이루어진다. 하나는 문제를 정의하고 만들어내는 과정인데 앞의 용어로 표현하자면 '창'의 단계다. '창'의 단계가 가능하기 위해선 '지혜'가 필요하다. 문제가 결정되면 당연히 그 문제를 해결하는 과정이 필요한데 이것이 바로 '작'의 단계다. '작'의 단계가 제대로 이뤄지기 위해서는 '방법'이 필요하다.

그래서 스탠 라이는 "창의성은 문제를 발견하고 이에 대한 해답을 발견하는 여행이다. 문제의 이면에 존재하는 욕망을 발견하고, 문제 해결의 신비로운 과정을 발견하는 여행이다"라고 말했다. 두 가지 과정이 어떻게 이뤄지는가를 정확하게 이해할 수 있다면, 창조 메커니즘을 우리 자신의 것으로 만들 수 있다.

또한 스탠 라이는 평소 어렴풋하게 '아마도 창조라는 것이 이런 프로세스를 거쳐 이루어지지 않을까'라고 추측하는 수준에 머물러 있던 우리에게 '창의성 피라미드'라는 개념으로 완성해 보여주었다. '피라미드' 하면 맨 밑바닥은 넓고 평평하며 위로 올라갈수록 면적이 점점 좁아지다가 맨 윗부분은 뾰족한 세모꼴이 떠오를 것

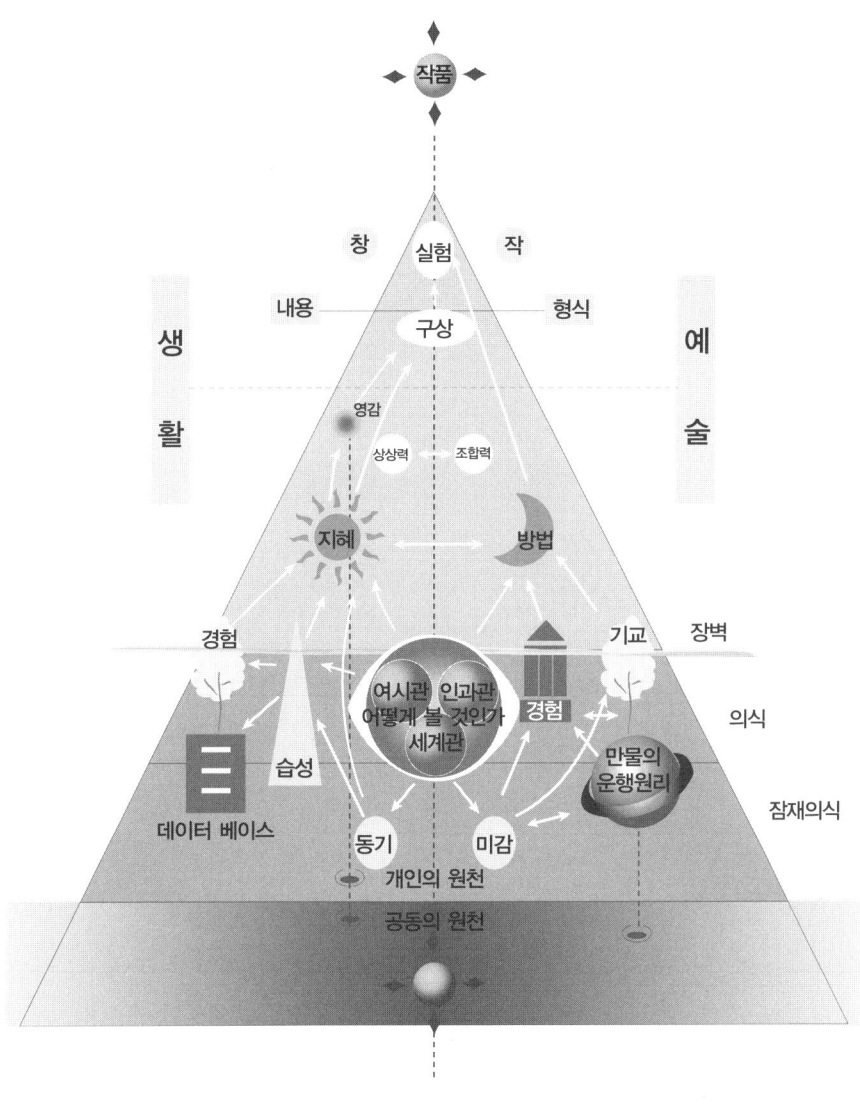

창의성 피라미드[33]

이다. 앞에서 설명한 창의성을 낳는 두 영역, 즉 구상과 실행, '창'과 '작'은 창의성 피라미드의 가장 위쪽에 놓인다. 창의성을 낳는 공장은 피라미드 모양을 가졌으며, 밑바닥은 창조에 필요한 모든 원재료가 모인 넓은 영역으로 가정할 수 있다.

그런데 창의성 피라미드는 왼쪽과 오른쪽의 두 영역으로 뚜렷하게 구분된다. 이들은 각각의 작동 원리에 따라 움직이지만 서로에게 영향을 주고받는 등 밀접하게 연결되어 협력 작업을 하기도 한다. 그리고 맨 밑바닥에는 창조를 위한 원재료를 보관하는 거대한 저장고가 존재한다고 생각하면 된다.

맨 밑바닥에 있던 창조에 관한 아이디어나 지식 등이 엘리베이터를 타고 올라가서 꼭대기에 있는 두 영역에 도착했을 때 비로소 작품이라는 결과물이 나오게 된다. 그런데 엘리베이터가 고층으로 올라갈수록 몇 가지 장애물이 존재한다. 이런 장애물을 제거하는 데 성공한 사람은 창조 과정을 수월하게 진행할 수 있는 데 비해 그렇지 못한 사람은 어려움을 겪게 된다.

창의성은 두 개의 서로 다른 영역에서 이루어지며, 이 영역은 각각의 범주가 서로 다르다. 그러므로 각각의 범주를 갈고 닦는 노력이 이루어지지 않으면 창의성을 일정 수준 이상까지 끌어올리는 것은 불가능하다. 하나의 범주는 '지혜'라고 부르고 다른 하나는 '방법'이라고 부른다. 그런데 지혜와 관련된 훈련은 생활이라는 장에서 이루어지고, 방법과 관련된 훈련은 각자가 일하고 있는 분야, 즉 전문 영역에서 이루어진다. '지혜'는 생활의 장에서 배워야 하고 '방법'은 자신의 분야(스탠 라이는 이를 두고 '예술'이라는 용어를 사용함), 즉 각자의 전공 분야에서 배워야 한다. 스탠 라이는 오늘날의 창의성 교육이 방법에 지나치게 편중되어 있다고 말한다.

진정한 의미에서 창의성을 가진 내공인의 경지에 도달하기 위해서는 전문 분야를 통달하는 것만으로 부족하다. 생활의 영역에서 지혜를 갈고 닦는 노력이 반드시 함께 이뤄져야 한다. 이를테면 작가의 경우, 새로운 문제를 발굴해내는 것은 일상생활에서 주로 이루어진다. 인간의 일상적 욕망에 대한 섬세한 이해와 관찰력이 없다면 창조를 위한 문제 설정은 실패할 가능성이 높다.

그렇다면, '창'의 프로세스는 어떻게 이루어지는가? 피라미드의 가장 밑바닥에는 창조를 위한 샘, 즉 원천이 존재한다. 여기서 원천은 두 가지로 나눌 수 있다. 하나는 개인마다 차이가 있는 원천이고, 다른 하나는 인간이기 때문에 공통적으로 갖는 원천이다. 이곳에는 오감을 통해 접하는 다양한 정보와 경험이 늘 차곡차곡 채워지기도 하고 폐기되기도 한다. 창의성이 뛰어난 사람은 이런 지혜의 저장고를 언제든지 활용할 수 있도록 일상생활에서 부지런히 저장고를 채워둔다.

창의성 피라미드는 신비로운 원천과 창조를 위한 영감 사이에 두꺼운 장벽이 존재하고 있음을 보여준다. 그래서 '둘 사이를 가로막는 장벽을 어떻게 제거할 것인가?'라는 점이 창의성 학습에 있어 결정적인 부분이다. 장벽에 해당하는 것이 무엇인지, 이를 걷어낼 수 있는 방법이 무엇인지를 알아낸다면 우리의 창의성은 크게 향상될 것이다.

여기서 창의성을 방해하는 세 가지의 방해물로 피라미드 왼쪽의 경험, 습성, 동기를 들고 있다. 경험은 '무엇을 입력하고 있는가'라는 것이다. 경험을 자신의 시각으로 받아들이고 있는가 아니면 대부분의 사람들이 그렇듯 일상적 경험으로 받아들이는가가 중요하다. 앞의 것은 창조에 도움이 되겠지만 뒤의 것은 아무런 도움이 되지 않는다. 왜냐하면 '의례히 그런 것이다'라는 생각은 고정관념을 낳기 때문에 오히려 창조를 방해한다. 또한 경직화된 습성은 두꺼운 벽을 만들며, 불순한 동기는 창조력을 저하시킨다. 그저 돈벌이에 도움이 된다면 무엇이든 한다는 식으로 자신의 직업을 대한다면 전문가로서는 성공할 수 있을지 몰라도 그 이상을 넘어설 수는 없다. 내공인은 동기에서도 전문가보다 훨씬 원대한 꿈을 갖고 있다.

그렇다면 '작'의 프로세스는 어떻게 작동하는가? 여기에서 비로소 전문가적인 지식이 동원된다. 그것은 지식일 수도 있고, 기교일 수도 있고, 기술일 수도 있다. 결국 끊임없는 연습과 학습을 통해 배울 수 있는 단계가 '작'의 프로세스에 해당된다. '작'을 뒷받침해줄 지식이나 기교, 기술이 없다면 아무리 멋진 아이디어라도 제자리를 잡을 수 없고, 결국 창조물로 세상에 모습을 드러낼 수 없다. 이를 두고 스탠 라이는 "기교가 없다면 형식은 구상을 서투르게 표현하기만 할 뿐, 적절한 구도와 디테일을 보여줄 수 없다"

고 말했다. 여기서 인상적인 대목은 예술가도 자신을 스스럼없이 공인(工人)에 비유한다는 것이다. 공인은 기본적인 기교를 익히는 위해 오랜 기간 수련을 거쳐야 한다.

끝으로 창과 작은 어떻게 결합되어 창조 과정을 주도하는가? 위의 모든 과정이 마치 정교한 컴퓨터처럼 작동해 궁극적으로 창과 작, 내용과 형식, 지혜와 방법이 조합되는 과정에서 위대한 창조물이 만들어진다. 그리고 이런 과정을 일상적으로 행할 수 있는 사람이야말로 내공인이라고 할 수 있다.

> 창의적 과정이 진행되는 동안, 우리의 두뇌는 확실히 신비로운 컴퓨터와 같다. 이 컴퓨터는 평상시에 자동으로 파일을 수집하고 메모리 어딘가에 저장해놓는다. 이 파일들이 창의성의 원시적 재료다. 영감이 창의성을 촉발시키는 찰나에 이 컴퓨터의 어떤 메커니즘이 작동하기 시작하는데, 이 메커니즘은 파일을 어디서 찾아야 하는지, 그리고 다양한 파일들을 어떻게 조합해서 창의적 구상으로 만들어야 하는지 잘 알고 있다.[34]

지금부터는 내가 가진 창조 공장에 대한 기본 구상을 간략하게 설명하겠다.

오감을 통해 우리의 머릿속에 입력되는 모든 정보, 지식, 감각은 원료에 해당한다. 이 원료들은 때로 창조를 위한 자극을 만들어내기도 한다. 그런데 우리의 두뇌 안에는 그동안 자신이 걸어온 과정을 통해 기존의 정보를 조합해 새로운 것을 만들어내는 창조 공장이 존재한다. 이 공장의 생산력은 사람에 따라 현저한 차이를 보인다.

다른 사람이 만든 상품이나 서비스 등에 만족하지 않고 새로운 것을 만들어내기 위해 자신의 두뇌를 쉬지 않고 활용하는 사람과 머리를 쓰지 않고 TV 시청 등 소일거리로 시간을 흘려보내는 사람의 두뇌 속 공장은 그 규모나 효율 면에서 큰 차이를 보인다. 후자의 경우 아무리 한 업계에서 오랫동안 일했다고 해도 새로운 것을 창조해낼 가능성은 별로 없다. 그래서 이런 사람에게는 창조 공장이라고 부를 만한 실체가 거의 존재하지 않는다. 똑같은 길을 수십 년간 걸어온 사람 중에도 창조 공장이 정교하게 자리 잡고 있는 사람이 있는 반면에 전혀 그렇지 못한 사람도 있다. 이것이 내공인이 될 수 있는가 없는가를 결정하는 중요한 요소다.

부동산을 통해 큰 부를 축적한 사람을 만나 대화를 나눈 적이 있다. 고등학교만 졸업한 60대 초반의 그는 그야말로 "내공인이구나"라는 탄성이 나올 정도로 대단한 인물이었다. 그는 경매를 통해 대단한 부를 축적했는데, 지방의 아파트 미분양 사태 속에도 2~3년 후 그 지역에서 벌어질 상황을 아주 생생하게 그려내는 능력을 가지고 있었다. 갑자기 가격이 떨어지면 대부분의 사람들이 시세의 반 가격에라도 아파트를 팔려고 하는데 비해, 그는 2~3년 후의 호전된 시장에서 자신이 인수한 집이 어떻게 팔릴 것인지 예상해냈다.

이런 사람은 기본적으로 모든 정보를 조합해 새로운 개념, 해결책, 아이디어, 구상 등을 만들어내는 데 익숙하다. 육체적 능력과 달리 정신적 능력은 연령에 관계없이 성장할 수 있다는 점에서 그에게 세월은 성장과 발전, 학습의 과정이었던 셈이다.

내공인을 만나다 | 트와일라 타프

창조적 습관이 필요하다

댄서이자 안무가인 트와일라 타프(Twyla Tharp)는 현존하는 최고의 무용가이자 안무가다. 그녀는 고전 음악, 재즈, 현대 팝 음악 등을 조합하여 자신만의 독특한 작품 세계를 개척한 인물로 손꼽힌다.

"내 존경심은 언제나 성공을 장기간 끌어가는 사람의 몫이다"라는 말을 통해 알 수 있듯이 그녀는 자신이 관중에게 잊히지 않고 오랫동안 호평 받을 수 있는가에 큰 의미를 두었다. 그녀가 지치지 않고 많은 사람의 인기를 끄는 작품을 무대 위에 내놓을 수 있었던 데는 두 가지의 비결이 있었다. 하나는 뼈대를 만들어내는 능력이고, 다른 하나는 자신만의 독특한 창조적 DNA를 찾아내는 능력이다.

창조적 행위에서 뼈대가 갖는 힘을 받아들이고 나면 창작 과정이 훨씬 능률적으로 변할 수 있다. 가끔은 길을 잃는 것도 여전할 테지만, 뼈대가 당신을 붙잡아줄 것이다. 길을 잃으면 뼈대가 당신에게 집으로 가는 길을 보여줄 것이다. 당신이 시작한 일, 당신이 들려주려는 이야기, 당신이 이루고자 하는 결과가 무엇인지 상기하게 해줄 것이다. 뼈대가 있으면 금세 다시 집중할 수 있게 되고, 결과적으로 작업 습관에 속도와 경제성을 투여하게 된다. 에너지와 시간은 유한자원이다. 따라서 그것을 보존하는 일은 매우 중요하다.
내게 뼈대는 발레를 창조하는 데 필수적인 준비 과정이다. 뼈대 없이는 출발점도, 집약점도, 나를 이끌어줄 북극성도 없다. 결국에는 춤도 없다.[35]

풍부한 자료만으로 작품이 탄생하는 것은 아니다. 특히 그녀처럼 언어에 의존하지 않고 무대 위에서 액션을 통해 관객과 소통해야 하는 안무가에게 뼈대는 더욱 중요하다. 사실 모든 창작은 뼈대에 살을 붙여가는 과정이라고 말할 수 있다. 그러면 그녀는 어떻게 뼈대를 만들었는가?

단도직입적으로 말하자면, 뼈대란 당신의 가장 강력한 아이디어와 함께 시작된다. 당신은 아이디어를 생각해내기 위해 긁어모으기를 하던 중 하나의 아이디어를 발견했다. 그리고 다음 단계인 창조적 사고를 통해 그것을 당신 창조물의 뼈대로 키워낸다. 그 아이디어는 당신이 시작할 수 있는 거점이다. 뼈대는 작품에 대한 당신의 의도가 무엇인지 당신 자신에게 대략 설명하는 것이다. 어떤 이야기를 말하려고 하는지, 어떤 주제를 탐색할 것인지, 어떤 구조를 이용할 것인지, 관객들은 그것을 추론해낼 수도 있고 못할 수도 있다. 그러나 당신이 그 뼈대에만 충실하다면 작품은 만족스러울 것이다.[36]

그다음으로 그녀에게 필수적인 내공의 원천은 뼈대 위에 살을 붙이는 능력, 즉 창조력이다. 그녀는 사람마다 독특한 창조적 코드 혹은 회로를 가지고 있다고 말한다. 이런 회로를 '창조적 인격', '창조적 회로' 혹은 '창조적 DNA'라고 부른다. 그런데 이런 특색은 사람마다 모두 다르므로 이것을 정확히 파악하고 활용하는 능력이야말로 창조성의 핵심에 해당한다. 이것을 그녀는 사진작가가 중요하게 여기는 초점거리에 비유한다.

원거리 촬영에 능한 사람이 있고 근거리 촬영에 능한 사람이 있다. 이 모든 것에 능통한 사람은 드물다는 것이 타프가 믿는 창조성의 본질이다. 그녀는 이런 특색을 정확히 이해하고 이를 제대로 활용하는 것이 아주 중요하다고 강조한다. 이에 대해 그녀는 "사람들은 자신의 충동이나 성향, 작업 습관 같은 것을 당연하게 생각하지만 자신에 대한 깨달음(자신의 창조적 정체성)은 아무리 사소한 것일지라도 매우 중요하다"라고 말한다. 왜냐하면 "일단 자신의 창조적 DNA의 가닥을 이해하면 그들이 어떻게 변형되어 당신 작품에서 나타나는지 알게 될 것"이기 때문이다.

《창조적 습관》의 부제는 '삶을 위해서 그것을 배우고 활용하자'다. 이 책에서 그녀는 무용가로서, 안무가로서 자신의 능력을 강화하기 위한 방법을 구체적인 사례와 함께 상세하게 소개해놓았는데, 창작과 관련되지 않은 일을 하는 사람이라도 큰 도움을 받을 수 있다.

자신의 분야에서 새로운 것을 창조하려는 사람이라면 한두 번의 행운이 큰 역할을 할 수 있다. 그러나 그런 행운은 절대로 오래 가지 않는다. 좋은 습관을 가지고 이를 반복하는 것이 내공을 키우는 핵심 포인트라는 점은 어떤 분야에서 일하든지 진리임에 틀림없다.

내공인을 만나다 | 대니 메이어

무엇보다 맥락이 중요하다

1958년 미주리 주의 세인트루이스에서 태어난 대니 메이어(Danny Meyer)는 현재 유니언스퀘어 호스피탤리티 그룹의 CEO다. 변호사 준비 시험인 LSAT를 하루 앞둔 날, 가족들과의 식사 자리에서 우연히 외삼촌의 "너는 어릴 때부터 입만 열면 온통 음식과 레스토랑 이야기뿐이었잖니. 레스토랑을 개업하는 것은 어떠냐?"라는 조언을 듣고 레스토랑 경영의 길로 들어서게 된다. 27세가 되던 1985년 뉴욕의 유니언스퀘어 카페를 시작으로 그래머시 태번, 일레븐매디슨 파크, 타블라, 블루모스크, 가장 최근에는 뉴욕 현대미술관(MoMA)에 '더 모던'을 오픈하는 등 모두 11개의 레스토랑을 운영하면서 1500명의 직원들과 함께 일하고 있다. 2005년에는 최고의 레스토랑 경영자에게 주는 제임스 비어드 상을 수상하였고, 2006년에는 〈자갓 서베이〉가 선정하는 레스토랑 1, 2위를 차지하기도 하였다. 그의 레스토랑 가운데 모두 6개는 맨해튼의 유니언스퀘어 주변에 위치해 있다.

그가 쓴 세 권의 책 가운데 가장 최근의 저서인 《세팅 더 테이블(Setting the Table)》에는 그동안 레스토랑 경영을 통해서 느꼈던 사업이나 인생에서 도움이 될 만한 교훈적 내용이 풍부하게 담겨 있다. 이 책은 〈비즈니스위크〉가 선정한 2006년 베스트셀러 1위로 뽑히기도 했다.

과연 그는 자신에게 그런 성공을 가져다준 요인이 무엇이라고 생각할까? 그가 새로 오픈한 대부분의 레스토랑이 큰 반향을 일으키면서 사람들의 인기를 끄는 비결은 무엇일까? 다시 말해 그가 가진 내공의 원천은 어디에 있는 것일까?

그는 내공의 원천으로 새로운 맥락(context)을 창조하는 능력을 든다. 즉, 겉으로 보기에 전혀 관련이 없는 것들을 서로 조합하여 자신만의 독특한 맥락을 창조해내는 것이다. 그 맥락이 고객들에게 만족스러운 가치를 제공한다는 것이야말로 그와 다른 경영자가 뚜렷이 구분되는 지점이다.

인도 향신료, 새로운 미국 요리, 동네의 비스트로, 바비큐, 호화찬, 세련된 재즈클럽, 전통적인 미술관 카페테리아, 햄버거와 밀크셰이크 등 어떤 주제든지 나는 항상 구미가 당기는 대상을 열심히 연구하고 최고의 것을 발견하면 거기에 뭔가 특별한 것을 결합해서 새로운 맥락을 창조했다. 그런 다음 그 결과를 보고 나 자신과 동료들에게 어떻게 하면 좀 더 잘할 수 있을지 묻는다. 레스토랑을 꾸미고 요리법을 개발하는 과정은 작곡을 하는 것과 비슷하다. 여러 가지 음을 연결해서 새로운 선율과 화음을 창조하는 것이다. 우리는 훌륭한 식사에 필요한 최고의 요소들과 좀 더 쉽게 접근할 수 있는 방법을 결합시켰다.[37]

그가 만든 레스토랑들은 아주 새로운 개념이라기보다 기존에 있는 것들을 새롭게 재해석함으로써 고객들조차 어떻게 이런 생각을 했을까 탄성을 내지를 정도의 신선함을 느끼게 해준다. 그러니까 그는 고객들이 전혀 기대하지 못한 가치를 만들어내는 데 자신이 가진 장기, 즉 맥락을 창조하는 능력을 활용한다. 그는 이런 접근 방법이 레스토랑 경영에서만 필요한 것이 아니라 어떤 분야에도 적용할 수 있음을 강조한다. 그는 이렇게 창조된 새로운 맥락을 '하이브리드(hybrid)'라는 또 다른 용어로 표현하기도 했다.

새로 레스토랑을 만들겠다는 생각을 하게 되는 계기는 항상 내가 좋아하는 주제에서 비롯된다. 내가 좋아하는 것을 즐기다 보면 그와 관련된 새로운 맥락을 상상하게 된다. 그래서 이미 존재하는 어떤 것을(예를 들면 커스터드 아이스크림) 좀 더 훌륭하게 만들거나, 또는 탁월한 뭔가를 택해(예를 들어 장인이 만든 치즈와 와인 셀렉션) 더욱 친숙한 방식으로 제공해보고 싶어지는 것이다. 나는 새로운 요리를 개발하려고 애쓰지 않는다. 대신 새로운 하이브리드 식당을 창조하는 것에 관심이 있다.

무엇보다 맥락이 중요하다. 내가 어떤 사업을 시작하게 되는 과정은 열정과 기회(때로는 우연)가 만나 적절한 시간에 적절한 장소에서 적절한 가치와 적절한 아이디어가 어우러진 적절한 맥락으로 이어지는 것이다. 나는 새로운 사업 모델을 위한 시장 분석에는 의존하지 않으며 관심도 없다. 나 자신이 실험 대상일 뿐이다. 나는 분석적이라기보다는 오히려 직관적이다. 만일 열정적으로 관심이 가는 뭔가를 재구성할 수 있는 기회를 감지하면 그 일에 전력 투구를 한다.[38]

대니 메이어는 위의 문장에서 다시 한 번 중요한 단어를 제시하고 있다. 그것은 '재구성'이다. 재구성을 위해서는 실험이라는 것이 불가피하고 그에 따른 시행착오도 피할 수 없다. 이 점에 대해서 그는 "나는 기회가 있을 때마다 새로운 실험을 했다"는 말로 대신한다.

아마도 그가 자신의 기업 경영과 관련해서 가장 많이 사용하는 단어를 하나만 고르라고 한다면 곧바로 '맥락'이란 단어를 선택할 것이다. 그만큼 그는 자신에게 사업 성공을 가져다준 핵심 병기로 맥락의 중요성을 들고 있다. 독특한 맥락을 만들어내는 그의 능력은 치열한 레스토랑 업계에서 승승장구할 수 있도록 해주었다.

맥락이 중요하다! 오랫동안 나는 '장사는 위치가 중요하다'라는 말을 귀에 못이 박이게 들어왔다. 어떤 소매업이 성공하기 위해서는 적절한 장소를 골라서 가게를 차려야 한다는 것이 정해진 공식이었다. 하지만 나 자신의 경험에 의하면 성공을 위해 훨씬 더 중요한 것은 맥락이다. 대표적인 예가 유명한 티파니의 블루박스다. 그 상자는 안에 무엇이 들어 있는지 예상할 수 있는 확실한 표시라는 점에 맥락이 있다. 아니, 그 상자 안에 든 물건을 정확하게 예상할 순 없어도 그 티파니 박스를 받은 사람이 기대하는 것(청혼)과는 전적으로 일치할 것이다. 그 박스는 안에 들어 있는 내용물의 가치를 높여준다. 그리고 반대로 안에 있는 내용물은 그 블루박스의 의미를 지원하고 더욱 분명히 한다. 중요한 것은 위치가 아니라 맥락이다.[39]

현재까지 레스토랑도 대부분의 소매업처럼 위치가 중요하다는 사실이 지나치게 강조되어왔다. 대니 메이어는 위치의 중요성을 부정하지는 않는다. 다만 과거에 비해 그 중요성이 현저히 감소된 것만은 사실이다. 사람들은 음식이 맛있거나 분위기가 좋다면 굳이 위치를 따지지 않는다. 기꺼이 찾아가서 먹을 준비가 되어 있는 것이다. 그러나 이때 레스토랑은 반드시 맥락을 가지고 있어야 한다. 티파니 상자를 받은 사람들이 내용물을 보지 않더라도 그 안에 고가의 보석류가 들어 있을 것이라고 추측하는 것처럼 말이다. 여러분이 구찌나 아르마니 쇼핑백을 보았을 때 그 속에 명품 가방이나 고급 의류가 들어 있을 거라고 기대할 게 틀림없다. 티파니 박스 안에 싸구려 반지가 들어갈 수 없고, 구찌나 아르마니 쇼핑백에 턱없이 값싼 상품이 들어갈 수 없다.

대니 메이어는 〈뉴욕 기업 리포트〉의 로버트 S. 레빈과의 인터뷰에서 1998년 유니언스퀘어에 위치한 호텔 W에 레스토랑을 오픈할 수 있었던 절호의 기회를 놓친 이유에 대해 답한 적이 있었다. 그가 자신의 레스토랑을 열지 않은 이유는 유니언스퀘어라는 장소가 대단히 매력적이기는 하지만 틀에 박힌 모습의 호텔 W에는 전통적인 맥락의 레스토랑이 적합하다고 판단했기 때문이다. 그는 그와 같은 종류의 레스토랑을 오픈할 준비가 되어 있지 않았으므로 포기했다. 만일 그가 장소를 중요하게 여겼다면 서둘러 레스토랑을 입주시켰을 것이다. 그러나 그는 "내가 새로운 레스토랑을 열 때 처음부터 끝까지 사용하는 어프로치는 맥락, 맥락 그리고 맥락이다"라고 말한다. 맥락을 창조할 수 있는 능력이 바로 그가 레스토랑을 오픈할 때 가장 중요하게 여기는 요소일 뿐만 아니라 자신의 장기임을 거듭 강조한 것이다.

제**3**부

내공, 결코 멈추지 않는 동력

'전문가를 넘어서 내공인으로'라는 구호를 현실화하기 위해서 우리는 무엇을 어떻게 해야 하는가? 3부부터는 각 분야에서 내공을 축적하는 데 관심을 가지고 있는 사람을 위한 가이드, 즉 조언을 담고 있다. 아는 것과 실천하는 것 사이에는 커다란 간격이 있지만 실천하기 위해서는 먼저 알아야 한다. 내공인이 되는 방법에 대한 충분한 지식과 이해는 전문가를 넘어서 내공인으로 향해 달려갈 수 있는 지름길을 제시해줄 것이다.

1장

풍부한 경험을 쌓아라

 직업 세계에 첫발을 내딛는 순간부터 배움은 시작된다. 주로 경험을 통해 이루어지는 배움은 전문가로 가는 과정에서 중요한 역할을 한다. 실제로 사람들은 다양한 경험을 하고 문제를 하나하나 해결해가며 자신에게 맞는 문제 해결력과 관련된 지식을 익힌다. 문제 해결의 패턴을 익히게 된다는 말이다. 이런 패턴이 머릿속에 각인되면서 이전에 경험해보지 않았던 문제까지 해결할 수 있는 능력을 덤으로 얻게 된다.

 경험은 양적인 면뿐 아니라 질적인 면도 중요하다. 이를 테면 동일한 기간에 비슷한 경력을 쌓은 사람일지라도 얼마나 집중했느냐에 따라 능력에서 큰 차이를 보인다. 그저 오랜 시간 단순하게 일했거나 기계적인 반복에 가까운 경험을 해왔다면 자기 성장에 별반 도움이 되지 않을 것이다. 물론 숙련도를 요구하는 단순한 일에서는 약간의 효과가 있을지도 모른다. 하지만 응용을 필요로 하는 전문직의 경우, 양적인 축적만으로는 성장을 기대할 수 없다.

그러므로 업무의 강도가 높고 다양한 경험을 제공하는 조직에서 직장생활을 시작하게 됐다면 큰 행운을 만난 셈이다. 사람은 자신이 처한 환경의 제약조건을 쉽게 벗어날 수 없기 때문이다. 물론 열악한 환경에서도 나름의 노력을 기울이면 기대 이상의 성과를 얻을 수 있다. 하지만 사람은 대부분 조직의 분위기나 제도, 작업의 성격 등 제약조건의 지배를 받게 마련이다. 제약조건이 개인의 성장에 큰 영향을 주는 것이다.

직장생활 초기에 어느 조직에서, 어떤 업무를 통해 자신의 경력을 쌓아가는가 하는 부분은 이후 직업인의 경력 관리 측면에서 매우 중요하다. 그러나 요즘처럼 구직난이 심한 시기에 처음부터 자신에게 꼭 맞는 직업 환경을 만나게 될 가능성은 낮은 편이다. 설령 구직이 쉬운 때라 해도 처음부터 원하는 곳에 취업해서 그 분야를 중심으로 자신의 경력을 관리해온 사람은 손에 꼽을 정도다. 대부분의 사람에게 첫 번째 직업은 행운과 우연이 적절히 결합된 상태에서 찾아오기 때문이다.

이렇게 뛰어든 직업 세계에서 자신의 업무를 대하는 사람의 태도는 뚜렷하게 나눠진다. 주어진 일을 어느 정도의 수준으로 진행하면서 만족하는 사람이 있는 반면 스스로 일을 찾아나서는 사람도 있다. 한마디로 최소 의무 방어전을 치르는 데 급급한 사람이 있는 반면 자신이 할 수 있는 범위 내에서 최고의 성과를 거두기 위해 동분서주하는 사람도 있는 것이다. 여기서 대다수는 전자에 해당하며, 후자에 속하는 사람은 소수에 불과하다.

경험 축적이라는 측면에서 봤을 때 두 사람 사이에는 확연한 차이가 존재한다. 전자에 속한 사람은 제대로 된 경험을 축적하기 힘들다. 그리고 자신의 일이나 프로젝트에 대한 열의가 없다 보니 그 경험을 자신의 고유한 자산으로 바꾸는 일이 대단히 어렵다. 경험 하나하나가 별도로 분리되어 그저 독립된 사건처럼 여겨질 뿐이다. 이 사람에게 경험은 자기 자신을 중심으로 '멈추어 서기'보다 '흘러간다'고 표현하는 것이 적당하다. 이처럼 대부분의 직업인은 전문가의 대열에 들어서기가 힘들다. 그러다 보니 내공인의 단계에 진입하지 못한다는 것은 당연한 일이다.

업무를 대하는 태도는 삶의 자세나 마음가짐과 깊은 관련이 있지만, 이것도 어찌 보면 일종의 습관이다. 업무를 대충대충 처리하는 사람은 회사 업무뿐 아니라 다른 일을 할 때도 마찬가지다. 이런 사람은 경험이란 회사의 목표 달성에 필요한 일일 뿐, 자신의 내면세계에 축적되는 자산과는 관련이 없다고 생각한다. 하지만 경험을 통한 지식은 외부에서 주어지거나 강제되는 것이 아니라 개인이 자유의지에 따라 선택되는 것이다.

따라서 직업 세계에 첫 발을 내딛었을 때 자신의 업무를 어떻게 받아들이느냐는 이후의 삶에 대단히 중요한 의미를 가진다. 생계를 위해, 지시에 따라, 다른 사람을 위해 하기 싫지만 어쩔 수 없이 해야 하는 의무 정도로 생각한다면 절대로 전문가나 그다음 경지에 도달할 수 없다.

지금 어떤 일을 하고 있든지 간에 당신은 잘못된 선택을 해선 안 된다. 설사 타인이 맡긴 일이라 하더라도 스스로를 설득해 그 일에 최선을 다해야 한다. 자신을 설득할 방법은 얼마든지 있다. 언젠가 고등학생을 대상으로 강의한 적이 있다. 그때 그 자리에 참석한 한 학생은 "공부가 재미있다"고 하루에도 몇 번씩 되뇌는 자기 최면의 방법을 나에게 알려주었다. 그 학생 역시 자신을 설득하고 있었던 것이다. 다른 사람을 설득하는 일은 무척 어렵지만, 자신을 설득하는 일은 상대적으로 쉽다. 이런 설득 작업이 일상적으로 행해지면 업무는 일과 취미의 중간 위치에 자리하게 된다.

이쯤 되면 전문가로 가는 길에 제대로 들어선 것이라고 할 수 있다. 좀 더 적극적인 방법은 경험할 일거리를 스스로 찾아다니는 것이다. 경험을 찾아나서는 일은 다르게 표현하면 새로운 일감을 찾아나선다는 의미이기도 하다. '일은 곧 노동'이라는 생각이 지배적인 현 상황에서 이런 주장을 펼친다면 '넌센스'라고 비판하는 사람도 있을 것이다. 하지만 이런 사소한 의견 차이에서 전문가가 될 수 있는 사람과 그렇지 못한 사람이 구분된다.

열심히 노력했지만 도무지 일에 흥미나 재미를 느낄 수 없고 마음 붙일 데가 없다면 가능한 빠른 시간 안에 전직하는 것이 좋다. 세상은 넓고 할 일은 많기 때문이다. 나는 모든 사람이 모든 일에 마음을 줄 수 있다고 생각하지 않는다. 그동안 이런저런 경험을 하면서 깨우친 사실 가운데 하나가 사람은 저마다 좋아하는 일의 성격이 다르다는 것이다. 아무리 마음을 다잡기 위해 노력해도 흥미를 느낄 수 없다는 판단이 서면 떠날 수 있는 방안을 찾아야 한다. 이때 가족의 생계나 여러 위험 부담 등을 염려해 미적거리는 것은 시간을 낭비하는 일일 뿐이다.

직장 생활 초기에 마음을 붙일 수 있는 일을 만난 사람은 대단한 행운아다. 부디 그런 행운이 당신과 함께하길 바란다. 이따금 자신의 직업이 정말 맞는 일인지 깊이 생각해보지 않은 채 세월을 흘려보낸 중년을 만나게 된다. 이들은 이런저런 변명을 늘어놓는다. "용감한 사람만이 미인을 얻는다"라는 말은 직업 세계에도 적용된다. 적극적으로 구하지 않으면 미인을 얻을 수 없는 것처럼 자신에게 맞는 직업 역시 마찬가지다.

늘 새로운 경험을 찾아다니며, 풍부한 경험 지식을 쌓아야 한다. 이는 그냥 이루어지는 것이 아니라 매일 자신의 목표를 위해 헌신하며 최선을 다할 때 얻을 수 있는 결과물이다. 하루하루가 자신의 삶에서 결코 돌아올 수 없는 날이라는 사실을 명심하고, 이런 다짐을 현실 세계에서 구현하기 위한 나름의 방법을 가지고 있어야 한다. 그렇지 않으면 결심은 작심삼일로 끝나고 만다. 물론 아무것도 하지 않는 것보다야 작심삼일로 끝나더라도 결심하는 마음 자체가 중요할 것이다. 하지만 결심만 믿고 의존하기에 우리 인간은 너무 나약한 존재다.

직업 세계 초기부터 끊임없이 자신을 한계 상황 속으로 밀어넣어야 한다. 편안한 길, 안전한 길, 다른 사람이 선호하는 길만 따라가다 보면 성장곡선은 천천히 움직이거나 아예 멈춰버리게 된다. 결국 전문가나 내공인이 되는 과정은 다른 사람과의 대결이 아니라 자신과의 끊임없는 싸움이다. 나태하고 편안한 곳에 머물기를 바라는 자신과 부지런히 움직여 능력을 발휘하기를 바라는 자신의 싸움인 것이다.

어떤 선택을 하느냐는 당신 자신의 몫이다. 어떤 삶이 절대적으로 더 낫다고 이야기할 수는 없다. 이는 각자의 가치관에 따라 결정되는 일이기 때문이다. 그러나 만약 내가 다시 젊은 날로 돌아갈 수 있다면 기꺼이 더 많은 것을 경험하면서 성장하는 길을 선택하고 싶다.

이때 절대 잊지 말아야 할 것! 경험 못지않게 중요한 것이 경험 하나하나에 흠뻑 빠졌다는 표현이 어울릴 정도로 그것을 온몸과 마음으로 받아들이고 집중해야 한다는 사실이다. 당신이 다양한 경험에 계속해서 집중력을 발휘할 수 있다면 자연스럽게 전문가와 내공인의 경지로 나아가게 될 것이다.

대표적인 내공인으로 윌리엄 셰익스피어를 꼽을 수 있다. 그의 과거에 대해서는 여러 의견이 분분하다. 그가 양털 빗는 사람이었다는 얘기도 있고 목사, 뱃사람, 말 장수였다는 말도 있다. 그러나 지금껏 그의 과거에 대해서는 확실하게 알려진 바가 없다. 그렇다면 왜 이 같은 추측이 난무하는 걸까? 그것은 바로 그의 작품에 등장하는 해양이나 각종 동물 관련 용어, 그밖에 여러 전문 분야의 지식 때문이다. 그와 관련한 경험이 없다면 도저히 그렇게 상세한 묘사와 설명이 곁들여진 실감나는 작품을 쓸 수 없었을 거라는 생각이 들 정도니까 말이다. 셰익스피어가 전문가를 넘어서 내공인의 길로 들어설 수 있던 데는 무엇보다 풍부한 경험과 예리한 관찰력이 큰 힘이 되었다. 그의 예리한 관찰력은 경험에 흠뻑 빠져들어 그 자체를 자신의 것으로 만들면서 생겨났다. 이를 두고 《자조론》의 저자인 새뮤얼 스마일즈는 다음과 같이 평가했다.

> 어떤 의미에서 셰익스피어는 확실히 배우였다. 인생이라는 무대에서 수많은 배역을 맡으면서 다양한 체험과 관찰을 통해 놀라운 이야기들을 수집할 수 있었으니 말이다. 어쨌든 그는 철저하게 공부하는 학생이자 열심히 일하는 노동자였음이 분명하며, 덕분에 그의 작품은 오늘날까지 지대한 영향을 미치고 있는 것이다.[40]

언제 어디서나 경험을 대하는 태도에 '진지함', '성실함', '치열함'을 더해보라. 이것이야말로 전문가를 넘어서 내공인으로 향하기 위해 당신이 가져야 할 가장 중요한 덕목이다. 특히 직업 세계와 인생의 길에서 내공인에게 멈춤이란 없다. 그들은 전문가의 반열에 들어서고 난 다음에도 늘 '처음처럼' 마음의 문을 활짝 열어둔다. 또한 새로운 경험이 가져다줄 새로운 결과물에 아이 같은 호기심과 기대감을 갖고 있다.

2장
지속적인 추진 동력을 확보하라

당장 눈에 띄는 성과가 나타나지 않는 일에 계속 몰두한다는 건 쉽지 않은 일이다. 일할 때마다 물질적·정신적 보상 등의 성과물이 금방 드러난다면 누구나 열심히 하겠다는 마음을 갖게 될 것이다. 하지만 직업 세계의 초기에는 투입(노력)과 산출(성과) 사이에는 깊은 관련이 없을 뿐 아니라 많은 노력을 기울이더라도 손에 쥐는 성과가 미미하다. 그래서 지나치게 계산이 빠른 사람은 잠시 일하다가 쉽게 포기해버린다. 그들은 마치 메뚜기처럼 이곳에서 조금, 저곳에서 조금 하는 식으로 자신의 경력을 관리한다.

　직업 세계의 초기부터 노력에 비례하는 성과를 꼬박꼬박 수확할 수 있다면 더 많은 사람이 전문가의 경지에 진입할 수 있을 것이다. 나는 이것에 관해 《10년 법칙》에서 상세하게 설명한 적이 있다. 간단하게 정리하면 제대로 된 성과물을 수확하는 일은 직업 세계에 발을 디딘 초기 10여 년의 집중적인 투자가 있은 후에나 가능하다는 주장이다. 10년은 아주 긴 시간이다. 그러므로 전문가로 성장하는 과정에서 성과에 연연하는 대신 그것을 대체할 만한 다른 추진 동력을 찾아내야 한다.

추진 동력은 계속해서 힘껏 노력할 수 있도록 이끄는 힘을 말한다. 사실 누구나 그런 힘의 중요성을 느끼고 있지만 그것을 만들기 위해 노력하지는 않는 것 같다. 그런 추진 동력은 자신의 내면세계에서 계발해야 하고 찾아야 하기 때문이다.

직업 세계에는 무수히 많은 난관이 포진해 있다. 쉴 새 없이 쏟아지는 단기 과제, 앞길을 가로막는 예상하기 어려운 사건, 복잡한 사내외의 인간관계, 단기적인 성과에 대한 압박, 승진에 대한 스트레스, 미래에 대한 불확실성 등이 계속해서 우리를 괴롭힌다. 그런 어려운 과제를 극복하고 더 나은 미래를 향해 나아갈 수 있도록 자신을 격려하고 이끄는 일을 누가 맡아야 하는가? 바로 당신 자신이다.

그러므로 전문가를 넘어서 내공인의 경지에 이르기를 원하는 사람이라면 외부의 평가와 그에 따른 보상에 대해 연연할 필요가 없다. 실제로 초기 단계에는 치열하게 살아가는 사람일수록 오히려 주변 사람과 보조를 맞추지 못해 사내 정치에 휘말릴 수도 있고, 질투나 시기 때문에 예상외의 낮은 평가를 받기도 한다.

이 같은 여러 장애물을 뛰어넘어 더 높은 단계를 향해 나아가도록 돕는 추진 동력 중 하나는 자신의 건강한 욕망이다. 당신이 전문가나 그 이상의 세계에 도달하기를 원한다면 자신의 삶에 대해 높은 수준의 기대감을 갖고 있어야 한다. '최소한 이 정도까지는 올라가야 한다'는 강렬한 욕망 말이다. 그런데 이런 욕망은 주변 사람의 도움으로 얻을 수 있는 것이 아니다. 자신의 가치관과 세계관에 따라 스스로 결정하는 것이다. 그래서 가끔 "굳이 그렇게까지 열심히 살 필요가 있는가?"라고 되묻는 젊은 사람을 만날 필요가 있다. "왜 사는가?" "어떻게 살아야 하는가?" 끊임없이 스스로에게 던져야 할 질문이기 때문이다. 그리고 질문에 대한 답 역시 스스로 찾아야 한다.

한편 욕망에 대해 그다지 우호적이지 않은 사람도 있다. 그러나 내 생각은 다르다. 인간은 일회성의 삶을 살다가 이 세상을 떠난다. 그렇다면 자신이 어떤 환경에 처해 있든지 간에 한 번뿐인 삶을 스스로가 원하는 모습에 가깝게 만들기 위해 최선의 노력을 다해야 하는 게 아닐까? 나는 그것을 옳고 그름의 문제가 아니라 당연히 그렇게 해야 할 당위(當爲)의 과제로 받아들인다. 물론 이런 생각에 동의하지 않는 사람도 많을 것이다. 어떤 삶의 모습이나 방향, 태도를 바라보는 사람들의 생각은 모두 다르다. 이런 이유로 자신의 삶을 어떻게 받아들이냐 하는 문제는 대단히 실존적인 질문이며, 개개인이 추구하는 삶의 의미와 관련이 있다.

미국의 스티브 잡스에 비교할 만한 창의적인 인물로 영국의 버진그룹 창업자인 리처드 브랜슨을 들 수 있다. 그는 성공이 가실을 즐기면서 살 만큼의 성공을 거두었음에도 끊임없이 새로운 도전을 하는 기업가로 널리 알려져 있다. 리처드 브랜슨은 자신의 삶에 대해 자서전에서 다음과 같이 말했다.

> 모든 사람은 각자의 빛을 갖고 태어난다. 우리가 생을 살아가는 이유는 스스로 그 빛을 발산하기 위해, 그리고 그렇지 못한 사람들을 도와주기 위해서다.[41]

리처드 브랜슨에게 욕망은 눈에 보이는 성취만을 대상으로 한 것이 아니었다. 자신의 내면에 있는 빛을 완전히 발산하기 위한 것이었고, 이런 기회를 다른 이들과 함께 누릴 수 있도록 그들을 돕는 것이기도 했다. 그는 이 같은 건강한 욕망을 가지고 있었기에 물질적인 성취에 안주하지 않고 계속 도전할 수 있었다.

잭 니클라우스는 역사상 최고의 골퍼 가운데 한 명이다. 내공인 중에서도 최고의 경지에 도달한 사람이라고 불러도 손색이 없다. 그는 자신의 삶이 더 높은 세계를 향해 나아가도록 만드는 추진 동력을 가진 사람이었다. 그는 회고록에서 자신이 가진 건강한 욕망에 대해 이렇게 말했다.

> 가만히 생각해보면, 우리는 평생 한계와 싸우며 살아가고 있다. 그런데 60세나 혹은 다른 특정한 나이에 이르렀다고 해서 그러한 투쟁을 그만두어야 할 이유가 어디에 있는가?

우리가 저지르는 최악의 일은 포기하는 것이다. 평생 도전에 대응하도록 길들여져 있다가, 몇 살이 될지는 모르겠지만 어느 날 아침 일어나 "이제 그만, 나는 지쳤어. 이제 더 이상 도전은 없어"라고 스스로에게 말한다면, 몸과 마음은 엄청난 충격에 휩싸이고 말 것이다. 골퍼라면 더 좋은 플레이를 위한 연구에 많은 시간을 할애한다. 나 역시 아직도 스윙 자세를 연구한다. 내 스윙 자세가 지난날 '더 젊던' 몸에 잘 맞았듯이, 지금의 '더 성숙해진' 몸에 잘 맞을 수 있도록 하기 위해서 말이다.

인생은 골프 경기 같은 게임이라고도 생각할 수 있다. 골프를 치다 보면 나무나 풀숲을 헤쳐나가야 하고 벙커나 물을 잘 피해다녀야 하듯이 인생에도 늘 극복해야 할 장애들이 있다.[42]

잭 니클라우스의 욕망은 '나날이 더 나아지는 것'이다. 그는 "1959년부터 우승하겠다는 생각으로 경기한 적은 없다. 나에게는 내 골프 소양을 향상시키려는 목표밖에 없었다"고 회고한다. 경기는 다른 사람을 무찌르기 위해서 하는 것이 아니라 바로 자신과의 싸움이라는 사실을 깨우친 것이다. 그는 "어떤 골프 시합이든, 진짜 적은 절대로 다른 선수 또는 전체의 선수가 아니라 늘 자기 자신과 코스 자체다"라고 말한다. 공을 때리는 실력보다 자신의 내적 세계를 통제하는 것이 골프나 인생에서 더 중요한 일이라는 것이다. 그의 욕망은 보통 사람보다 훨씬 높은 차원이었고, 이것이야말로 지속적인 성공의 비결이었다.

한 인간을 앞으로 나아가게 만드는 강렬한 욕망은 성인만이 가지고 있는 게 아니다. 자신의 삶에 대한 기대감은 아이의 연령이나 학년에 크게 비례하지 않는 것 같다. 어느 날 나는 막내아이가 내 홈페이지에 기고하는 칼럼(Justin's Essay)란에 자신의 인생에 어떤 기대감을 가지고 있는지, 이를 위해 어떻게 살아가길 원하는지 적은 글을 보게 되었다.

나는 다른 평범한 사람처럼 살다가 죽음을 맞지 않으리라고 나 자신에게 반복해서 들려준다. 나는 치열하게 살아감으로써 특별해질 것이며, 인생의 영광과 성공을 성취할 것이다. 성공과 함께 나는 수세대에 걸쳐 내 명성을 남길 것이며, 오래도록 기억될 것이다. 내 생각은 수많은 사람에 의해 토론되고 논쟁의 대상이 될 것이다. 그리고 내 사상은 젊은이에게 성취동기를 부여하는 유용한 도구로 사용될 것이다. 나는 성공의 롤모델이자 심벌이 될 것이다. 삶은 딱 한 번의 기회다. 나는 이를 놓칠 의도가 없으며, 이를 완전한 수준까지 활용할 것이다. 다른 사람처럼 그냥 그렇게 살아가는 일은 끔찍한 일이라 생각한다.
내 가슴에는 불꽃이 타고 있으며, 나는 가치 있고 의미 있는 것을 이 세상에 남기고 성취할 것이다.[43]

전문가 혹은 그 이상의 세계로 나아가기 원하는 사람이라면 반드시 건강한 욕망을 만들어내는 나름의 방법을 가져야 한다. 그것은 물질적인 욕망일 수도 있고, 직책이나 직위에 대한 욕망일 수도 있고, 권력에 대한 욕망일 수도 있고, 세월을 뛰어넘어 이름을 남기려는 욕망일 수도 있다. 욕망은 우리가 궁극적으로 지향하는 삶의 목적지와도 밀접하게 연결되어 있다. 욕망은 목표를 지탱하는 뿌리에 해당하기 때문이다.

30대 중반 즈음 해외 파견을 앞둔 10여 명으로 이루어진 소규모 워크숍에 참석한 적이 있었다. 10~15년간의 직장생활을 마치고 30대 중반의 직장인에게 해외 파견은 이제까지 걸어온 삶을 총정리해볼 수 있는 좋은 기회이기도 했다. 그래서 나는 몇몇 참석자에게 질문을 던졌다. "지금까지의 삶을 어떻게 평가하고 싶은가요?" 그중 한 사람이 "후회와 아쉬움이 많습니다. 좀 더 잘할 수 있었는데 그렇게 열심히 하지 못했습니다"라고 대답했다. 그래서 나는 한 걸음 더 나아가 "학점을 준다면 어느 정도 주겠습니까?"라고 물었는데, 그는 "C학점 정도를 줄 수 있습니다"라고 말했다. 내친 김에 "그렇게 낮은 점수를 줄 수밖에 없는 이유가 무엇입니까?"라고 묻자 그는 이렇게 답했다.

"여러 가지가 이유가 있겠지만 그 가운데 으뜸은 내가 추구해야 할 목표가 명확하지 않았던 것입니다. 그러다 보니 생활에 박진감도 떨어지고 그냥 주어진 일을 잘하는 수준에 그치고 말았습니다."

나는 목표가 불확실한 이유가 무엇인지 스스로에게 질문을 던져봤다. 나와 질문을 주고받은 그 참석자는 '욕망'이라는 단어를 사용하지는 않았다. 하지만 목표의 불확실성은 바로 간절한 욕망의 부재에서 비롯된 것이었다. 욕망은 인간의 행동에 강한 추진력을 제공하고, 자연스럽게 목표를 세울 수 있도록 도와준다. 어린 시절 강렬한 욕망을 가질 수 있다면, 또한 그것을 계속해서 유지하고 한층 발전시킬 수 있다면 그 사람은 자신의 삶을 원하는 대로 만들어갈 가능성이 높다.

욕망은 자신의 삶에 대한 기대 수준을 정하고, 그런 기대 수준을 끊임없이 자신에게 확인시키는 일련의 과정에서 만들어진다. 그렇다면 스스로 시간을 정해두고, 그 시간 내에 달성해야 할 구체적 목표를 세워보는 건 어떨까. 그리고 그 목표가 어느 정도 달성되었는지, 달성하는 데 있어 미진한 부분이 무엇이었는지, 또 그것을 어떻게 고쳐나갈 것인지 등에 대한 답을 찾아 실행에 옮겨보자. 우리의 삶은 분명 더 나은 상태를 향해 나아가게 될 것이다. 이런 과정에서 욕망과 목표는 서로를 강화하는 역할을 한다.

욕망은 높은 기대나 위기의식, 자신과 주변에 대한 건설적인 분노와 불만, 혹은 보다 앞서간 사람의 삶에 대한 정보로부터 생길 수도 있다. 그 원천이 어디에 있든지 간에 무엇인가를 달성하고 싶다는 욕망을 제쳐놓고서 전문가와 내공인이 되는 법을 이야기할 수는 없다. 물론 전문가에 도달하는 데 필요한 욕망과 내공인에게 필요한 욕망에는 약간의 차이가 있다. 전문가가 되는 데는 눈에 보이는 성취에 대한 욕망이 큰 비중을 차지한다면, 내공인으로 가는 과정에는 눈에 보이지 않는 부분에 대한 욕망이 더 큰 비중을 차지한다. 굳이 욕망의 수준을 따진다면 전문가 단계에 도달한 다음 한 단계 더 높은 수준의 욕망을 가질 때 내공인이 될 가능성이 많아진다고 하겠다. 따라서 내공인의 경지에 오르기를 원한다면 반드시 욕망을 더 고차원으로 끌어올리려는 결심이 필요하다. 그저 물질적인 성공이나 명성 같은 욕망만으로 추진 동력을 확보하기는 쉽지 않다.

이때 일상생활에서 추진 동력을 찾아내어 실천에 옮길 수 있다면 큰 도움이 된다. 강력한 욕망을 거시적인(매크로) 추진 동력, 일상에서 찾아낸 추진력을 미시적인(마이크로) 추진 동력이라고 부른다. 누구든지 처음에는 자신이 하는 일에 큰 재미를 느끼지 못한다. 그저 해야 하니까 열심히 한다는 정도에 머문다. 그러나 그 일을 즐겁게 할 수 있는 나름의 방법을 찾아낸다면 어떨까.

나 역시 처음 직업을 가졌을 때부터 그런 방법을 찾은 건 아니었다. 처음에는 하는 일마다 무척 힘이 들었다. 그래서 어느 날부턴가 "일을 재미있게 하는 방법이 없을까?"라고 고민하게 되었다. 그 과정에서 업무와 나 자신의 상호관계를 확인하는 작업이 반드시 필요하다는 사실을 깨달았다. 그래서 나는 내가 하고 있는 일이 내 직업과 생활, 인생에서 어떤 위치에 있는지 얼마나 큰 비중을 차지하는지 어떤 의미를 갖는지 깊이 생각하고, 그 대답을 자신과의 대화를 통해 찾아가기 시작했다. 그러다 보니 일을 열심히 해야 하는 이유를 스스로 발견하게 되었고, 그 이유는 나 자신에게 큰 설득력을 발휘했다.

다른 한 가지 방법은 자신의 생활을 새롭게 재단장하는 습관을 가지는 것이다. 꾸준하지 못해 쉽게 지겨워지고 싫증이 나 모두 포기해버리고 싶어지는 건 바로 모든 일이 자신에게 반복적으로 느껴지는 순간에 나타나는 충동이다. 그러나 따지고 보면 일상의 모든 일은 반복의 연속이다. 우리의 삶 역시 형식상 반복되고 있다. 하지만 당신의 하루하루가 언제나 새롭게 시작된다면 얼마나 힘들겠는가! 매일매일 새로이 적응해야 할 테니까 말이다.

형식적인 반복을 실질적인 새로움으로 재단장하는 것은 얼마든지 가능하다. 건설적인 의미에서 자기기만(self-deception)을 활용할 수도 있다. "정말 새롭다", "정말 재미있다", "정말 의미 있는 일이다"라는 말로 자신과 대화를 나누어보는 건 어떨까? 분명히 효과가 있을 것이다.

추진력을 일상에 적용하면 그건 강한 힘이라기보다 무언가를 하고 싶어 하는 의욕 정도로 부를 수 있을 것 같다. 《일할 의욕을 높여주는 책》을 저술한 기쿠이리 미유키(菊入みゆき)는 "개인의 내면에서 형성되는 일련의 힘, 이 힘에 의해 행동이 나타나게 된다"고 의욕을 정의했다.

우리는 의욕을 만들어낼 수 있는 자기만의 확실한 방법 몇 가지를 가지고 있어야 한다. 그래야 전문가의 반열에 들 때까지 오랜 시간 열정적으로 전진할 수 있다.

의욕 만들기에 관심을 가졌다면 우리의 뇌가 가진 고유한 특성에 주목해보자. 뇌는 항상 새로운 것을 좋아한다. 새로운 일에 대한 기대감이 생기면 뇌 속에 의욕을 갖게 하는 도파민이란 신경전

달 물질이 왕성하게 분비된다. 따라서 새로운 것에 대한 기대감이 지속된다면 추진력의 또 다른 이름인 의욕 또한 지속적으로 만들어진다는 얘기다. 여기서 중요한 포인트는 기대감이라는 단어다. 일상생활에서도 보상에 대한 기대감을 가질 수 있도록 당신의 생활을 하나씩 바꾸어보자. 전문가와 내공인은 이런 일에 아주 익숙해져 있다.

3장
목적지를 다시 단장하라

등산을 막 시작하는 산 초입에서는 정상이 멀게만 느껴진다. 그러나 천천히 한걸음 한걸음 나아가다 보면 어느새 정상을 목전에 두게 된다. 전문가를 향해 나아가는 길 또한 등산과 비슷하다. 욕망을 목표로 구체화시키고, 그 목표에 노력을 더해 하나하나 성취해 나가다 보면 어느덧 주변 사람들이 인정하는 전문가의 자리에 서게 되는 것이다. 물론 그 자리가 안정적인 것은 아니다. 시장에서 끊임없이 자신을 입증해야 하므로 더욱 치열한 과정으로의 진입이라고 할 수 있다. 그럼에도 올라갈수록 첩첩이 둘러싸여 보이지 않던 정상의 모습이 조금씩 그 윤곽을 드러내면 '앞으로 이렇게 하면 되겠구나' 하고 자신의 방법에 대한 신뢰가 쌓여간다.

그러나 대부분의 위기는 자신이 정한 어떤 단계에 도달하거나 가까이 다가설 때 발생한다. 우리는 세상 사람이 성공이라고 말하는 그런 경지에 가까이 다가서고 난 후에 초심을 잃어버린 사람들을 쉽게 만날 수 있다. 창업하고 어렵게 그 기업을 상장시킨 다음 열정을 잃어버리거나 그토록 원하던 승진을 하고 난 후 일에 대한 흥미를 잃어버리는 사람도 있다. 어렵게 학위를 받고 직장을 잡았지만 젊은 날의 왕성한 추진력을 잃어버린 학자, 힘들게 종신 교수직을 얻고 나서는 별다른 연구 성과를 내지 못하고 삶에 재미를 잃어버린 교수도 있다.

이것은 전문가의 위치에 도달한 사람이 경험하는 위기의 징후다. 빌 클린턴 전 미국 대통령이 르윈스키와의 스캔들로 어려움에 처했을 때 나는 이와 비슷한 생각을 했다. 클린턴 대통령은 어려운 집안에서 태어나 고학으로 로스쿨을 졸업한 후 32세의 나이로 최연소 아칸소 주지사에 당선되어 정치생활을 시작했다. 그는 미합중국 대통령으로 두 번이나 당선되었지만 한 인간으로서 '목적지 상실'이라는 병을 앓지 않았을까 싶다. 미국 대통령에 재선되었을 당시 그의 나이는 50세에 불과했다.

우리는 존경받을 만한 자리에 선 사람에게 완벽함을 기대한다. 그러나 그런 기대가 종종 무참히 깨어질 때도 있다. 그렇다고 해서 한 인간의 삶 전체를 매도해서는 안 된다. 빌 클린턴 전 대통령의 자서전에는 다음과 같은 대목이 등장한다.

내가 좋은 사람이었느냐 하는 것은 물론 신이 판단할 문제다. 하지만 나의 가장 강력한 지지자들이 생각하는 만큼, 또는 내가 바라는 만큼 좋은 사람은 못 되는 것 같다. 그렇다고 나의 가장 강력한 비판자들이 주장하는 것만큼 나쁜 사람이 아닌 것도 분명하다. 나는 힐러리, 첼시와 함께 누린 가정생활을 통해 한없는 은총을 받았다. 누구나 그렇듯이 우리의 가정생활도 완벽하지는 않았지만, 그래도 그만하면 훌륭했다. 세상이 다 알듯이 그 결함은 대부분 나의 결함이며, 그럼에도 계속 희망을 가질 수 있는 것은 그들의 사랑 덕분이다.[44]

물론 그가 그런 황당한 실수를 저지르지 않았다면 얼마나 좋았을까 하는 아쉬움은 남는다. 하지만 어렵게 정상의 고지에 오른 전문가라면 비슷한 상황이 자신에게도 일어날 수 있다는 사실을 기억해둘 필요가 있다. **빠른 사람은 30~40대에 이미 전문가의 반열에 들어서게 된다. 그러면 그 이후의 삶은 정말 길게 느껴질 것이다.** 물론 이른 나이에 은퇴하고 직업 세계를 떠나 완전히 다른 방향의 삶을 추구할 수도 있다. 하지만 계속해서 직업 세계에 머물게 된다면 그간 자신이 추구했던 목표만으로는 삶을 더 높은 단계로 이끌어가는 일이 힘겨울 수밖에 없다.

전문가에 가까이 다가선 사람이라면 누구나 목표를 조정하거나 재정립하는 과정을 경험하게 될 것이다. 그러나 이 과정을 원만하게 극복해가는 사람이 있는가 하면 어려운 상황으로 자신을 몰아넣는 사람도 있다. 후자의 경우 자신뿐 아니라 주변 사람까지 그런 상황으로 끌고 가기도 한다. 자신이 어렵게 성취해온 모든 것을 무너뜨릴 정도의 위기에 처하는 사람도 드물지 않다.

곤경에 처하고 싶지 않다면 전문가의 반열에 들어서기 전부터 자신의 내면세계를 섬세하게 다듬고 들여다보는 작업을 신중히 진행해야 한다. 이는 또 하나의 중요한 인생 프로젝트다. 돈을 많이 벌고, 높은 자리를 차지하고, 명예와 권력을 얻게 되는 등의 가시화된 목적지를 넘어서서 직업과 인생을 통해 자신이 구현하려는 궁극적 가치가 무엇인지 탐색해보는 시간이 반드시 필요하다. 연령대로는 40대 전후가 많고, 직책으로 보면 부장이나 임원 자리에 있을 때다.

경제적 안정감이 느껴지고, 자신의 분야에서 일정 정도 자리를 잡기 시작했다는 판단이 섰을 때 반드시 이 같은 작업을 진행해야 한다. 이를 직업 세계의 제2기가 시작되는 때라고 본다. 제1기는 초보자에서 시작해 전문가에 도달하거나 다가서는 단계고, 제2기는 전문가를 넘어서 그다음 단계인 내공인을 향해 나아가는 단계라고 할 수 있다.

그러면 그때는 무엇을 추구해야 할 것인가? 피터 드러커 교수가 열 살 때 받았던 질문을 생각해보자. '여러분은 죽고 나서 어떤 사람으로 기억되기를 바라는가?' 50세까지 그 질문에 대한 답을 찾을 수 있어야 한다는 필리글리 신부의 조언은 적절하다. 나는 외적으로 드러나는 성과만 가지고는 그 답을 찾을 수 없다고 생각한다. 물론 사람에 따라 예외가 있게 마련이다. 사업을 확장하는 데 여념이 없는 사람에게 직업 세계의 제2기는 생산력, 매출, 직원

수 등 수치상의 숫자를 더욱 높이는 시간일 수 있다. 그러나 이 숫자는 단순히 숫자 자체가 아니라 새로운 의미가 더해질 때 빛을 발하게 된다. 다시 말하면 자신의 유익함이나 편안함, 부유함, 유명함을 추구하는 것 이상의 무엇인가가 있어야 한다는 것이다. 자신의 삶에서 다른 사람이 빛을 발하도록 도우려는 리처드 브랜슨의 인생이 좋은 예다. 바로 이 단계에서 성과지상주의적인 태도에서 벗어나 성과와 의미를 절충한 목표를 설정해야 한다.

이처럼 목표 설정을 새롭게 할 때 비로소 전문가에서 내공인을 향한 전진이 시작된다. 만약 지금까지와 다를 바 없이 오로지 자신의 이익을 위한 성과에만 목표를 둔다면 전문가를 넘어선 경지를 개척하기는 어렵다. 이런 전환기를 제대로 통과한 사람은 자신의 일상과 삶에 새로운 의미를 부여하게 된다. 이런 발견을 할 수 있는 사람은 전문가 가운데서도 소수에 지나지 않는다. 대부분 이 단계를 넘어서는 데 필요한 엄격함과 치열함을 이기지 못하고 전문가 정도의 수준에 머물러 있다가 직업 세계에서 물러난다. 여기서도 한 인간이 가진 가치관이 중요한 역할을 한다.

톰 모나건(Tom Monaghan)은 우리에게도 친숙한 도미노 피자의 창업자다. 고아였던 그가 서른세 살에 백만장자가 된 인생 스토리는 그 자체로 전문가와 내공인에게 던지는 뚜렷한 메시지라고 할 수 있다. 1960년 12월, 그는 미시간 대학교의 동부 캠퍼스 근처에 허름한 가게를 재단장해서 '모나건 브라더스 피자'라는 식당을 열었다. 갖가지 우여곡절을 경험하면서 그의 사업은 날로 번창했는

데, 1980년대에 들어서면서 눈에 띄는 성공을 거두었다. 당시 모나건은 회사 지분 중 97퍼센트를 소유하고 있었고, 그의 계좌에는 가맹점으로부터 들어오는 돈이 날이 갈수록 쌓였다. 그는 당시를 이렇게 회상했다. "10년 동안 내 계좌에 찍혀 있는 액수를 보고 믿을 수가 없었다. 가맹점에서 들어오는 돈이 그처럼 많았던 적은 없었다. 이제 내가 열심히 번 돈을 쓸 때가 되었다고 생각했다."

그때부터 그는 집을 단장하고 차를 구입하고 회사를 꾸미는 데 엄청난 돈을 소비하기 시작했다. 희귀한 부가티(Bugatti) 스포츠카를 810만 달러에 매입했고, 1억 5000만 달러를 들여 클래식 자동차를 150대 넘게 사들였으며, 저명한 건축가 프랭크 로이드 라이트가 설계한 대저택을 구입하는 데 열을 올렸다. 당시 그의 소비욕은 언론의 큰 관심을 끌었다.

흥청망청 돈을 쓰던 어느 날 그는 우연히 한 권의 책을 만나게 되었다. 영국의 작가 C. S. 루이스가 쓴 《순전한 기독교》였다. 모나건은 그 책에서 자부심을 다룬 장을 읽다가 이런 경험을 했다.

모나건은 이 세상에서 '가장 큰 죄'가 '잘못된 깨달음'이라는 진리를 깨달았다. 그는 불현듯 자기 재산이 얼마나 큰 죄악의 덩어리인지 깨달았다. "나는 그날 밤 자리에 누웠지만 한숨도 자지 못했다. 내가 얼마나 자만심이 강한 존재인지 깨달았다. 그리고 나는 부자로서 가난한 사람들에 대한 서약을 했다."[45]

물론 그런 깨달음이 회사 매각으로 신속하게 연결되지 못해 도미노 피자는 최악의 상황에 처하기도 했다. 하지만 그는 다시 사업에 전념해 그 위기를 훌륭히 극복해냈고, 1998년 마침내 10억 달러에 회사를 성공적으로 매각했다. 그 후 모나건은 자신의 깨달음을 실천하는 삶을 살아간다. 목적지 재설정에 성공한 그는 위기와 기회를 모두 맛본 사람 가운데 하나다.

전문가를 넘어서 내공인을 향해 가는 사람은 의도적으로 노력하지 않더라도 삶의 태도와 마음가짐에 '지사적(志士的)'이라는 형용사가 붙는다. 지사적인 삶의 태도와 마음가짐을 가진 전문가라면 그동안 자신이 이룬 것을 결코 성취라고 생각하지 않는다. 그는 대신 또 다른 목적지를 향해 다시 한 번 자신을 완전 연소시키는 인생 프로젝트를 세운다. 이렇게 목표를 재조정하지 않는다면 내공인으로 성공한다는 것은 거의 불가능하다. 그렇기 때문에 내공인은 단순히 전문적인 기량이나 기술, 지식뿐 아니라 삶의 방식이나 태도, 마음가짐 등 삶 자체가 주변 사람에게 하나의 모범 사례가 된다.

또한 내공인은 주변의 평판에 연연하지 않고 스스로에게서 늘 부족한 점을 찾아낸다. 그리고 그것을 완벽한 단계까지 끌어올리기 위해 노력하기 때문에 초심의 상태를 끝까지 유지할 수 있다. 이들의 행적은 주변의 동료나 후배에게 신기함과 경외의 대상이 된다. 사람들은 내공인을 보고 '지금 이대로도 잘살 수 있는데 저렇게까지 헌신할 필요가 있을까'라고 생각한다. 주변인들에게 내공인은 사서 고생하는 사람으로 보일 것이다. 그러나 그 고생도 정작 내공인 자신에게는 어떤 외적인 성취도 가져다줄 수 없는 기쁨을 실현해가는 과정이다. 물론 그 기쁨은, 치열한 노력에 필연적으로 따르게 마련인 고통과 동전의 양면 관계에 있다.

4장

체계적으로 학습하라

전문가와 내공인이 갖는 능력은 경험과 학습이라는 두 가지 방법을 통해 길러진다. 그러면 학습은 어떻게 이루어지는가? 자신의 분야와 관련해 이미 알려지거나 검증된 다양한 지식을 체계적으로 배워야 한다. 수학 공부를 그들의 학습에 비유할 수 있다. 규칙이나 공식을 외우고 예제풀이를 하면서 비슷한 유형의 문제의 해답을 찾아간다. 그러다 보면 응용 문제까지 해결하는 능력을 갖추게 된다. 전문가가 되기까지, 그리고 그 후 내공인으로 나아가기 위한 학습은 이와 아주 유사한 과정으로 진행된다.

당신은 직업 세계에서 새로운 과제를 해결하기 위해 노력할 때마다 강력한 도전을 받는다. 새로운 과제에 대한 최상의 해답을 내놓기 위해 기존의 익숙한 해결 방법뿐 아니라 다른 해결 방법도 모색해야 한다. 이렇게 새로운 방법을 찾는 과정에서 당신은 이미 축적되어 있는 연구 자료나 전문 지식을 학습하고 성장하게 되는 것이다. 어떤 분야에서 일하든지 지식이나 사례에 대한 학습을 하지 않는다면, 성장 속도는 더딜 수밖에 없다. 이렇게 새로운 과제를 도전으로 받아들이고 해결하는 과정에서 '적극적인 학습'이 이루어진다.

이번에는 논문 쓰는 일을 생각해보자. 먼저 문제를 파악, 정의한 뒤 그 문제에 대한 기존의 연구 결과를 살펴본다. 그다음에는 기존의 연구자와 달리 자신은 어떤 방법으로 문제를 풀어나갈 것인지 설명하고, 자신의 주장을 입증할 만한 증거를 제시한 후 결론을 도출시킨다. 직업 세계에서 새로운 도전 과제를 해결할 때는 논문을 쓸 때처럼 '문제 정의-기존 연구 분석-자신의 방법 설명-증명-결론 도출' 등의 과정이 명시되지는 않지만 비슷한 과정을 거치게 된다. 이런 과정에서 기존 연구를 배우고 익히는 체계적인 학습이 진행된다.

한편 사람은 전문가나 내공인의 단계에 진입하면 학습에 재미를 느끼지만, 그전에는 의무감으로 학습을 시작한다. 그러므로 초기 단계에서는 학습을 위한 학습보다는 가능한 한 많은 도전 과제에 자신을 노출시킬 필요가 있다. 다시 말해 문제 해결을 위해 노력하는 과정을 통한 학습이 더 효과적이라는 것이다. 나는 이런 상황을 "자기 자신을 벼랑 끝으로 밀어붙여라"라는 문장을 들어 설명하고 싶다. 전문가를 향해 가는 과정에서 먼 미래를 위한 체계적인 학습을 미리 해두는 일은 생각만큼 쉽지 않다. 그런 점에서 새로운 도전 과제를 많이 경험한다는 것은 새로운 학습 기회를 자신에게 계속 부여할 수 있다는 장점이 있다.

도전 과제에는 대개 마감 시간이 주어진다. 임박한 시간에 맞추어 집중하는 과정에서 학습을 통한 성장이 자연스럽게 이루어진다. 이때 주의해야 할 점은 익숙한 것에 머물지 말고 계속해서 새로운 의견이나 관점, 접근 방법 등을 찾으려고 노력해야 한다는 사실이다. 이런 노력 없이 자신이 잘 아는 해결 방법만 고집한다면 성장은 고사하고 정체 상태도 벗어날 수 없다.

그리고 매사를 적극적이고 긍정적으로 받아들이는 자세가 필요하다. 어떤 과제가 주어졌을 때 "또 내가 해야 돼?"라는 말을 습관적으로 내뱉는 사람이 있는 반면에 "그래, 멋지게 한번 해보자"라고 의욕을 보이는 사람도 있다. 문제가 주어지기를 기다리지 않고 문제를 찾아나서는 사람은 보다 나은 문제 해결 방법을 습득하게 된다. 경험이나 학습에 대한 열린 마음은 전문가나 내공인으로 가기 위해 꼭 필요한 성공 요소라고 할 수 있다.

나는 아내가 경영하는 식당을 지켜보면서 분명한 한 가지 사실을 발견했다. 양식, 중식, 한식에 상관없이 대부분의 주방장이 자신의 요리법에 대해 지나친 자만심을 갖고 있다는 것이다. 그래서 그들은 자신에게 익숙한 방법 이외에는 새로운 것을 배우려 하지 않았고 체계적인 학습을 하는 경우도 극히 드물었다. 오히려 새로운 것을 배워야 하는 상황이 닥치면 큰일이라도 난 것처럼 행동했다. 예를 들어 뛰어난 기량을 가진 전문가를 초빙하여 배우는 자리에서도 자신의 영역을 침범당하는 건 아닌지 전전긍긍했다. 이들이 스스로를 전문가라고 생각하는지 모르겠지만 주변에서 인정하는 전문가가 되기는 힘들어 보였다.

경험을 통해 문제 해결책을 도출해내는 것 이외에 자신의 분야와 관련해 이론이나 사례, 방법론을 배울 수도 있다. 석·박사 학위에 대해 부정적인 의견도 있지만 이런 집중 교육은 전체를 체계적으로 배울 수 있다는 장점이 있다. 일단 이런 교육을 통해 기존의 이론이나 사례, 방법론 전체를 꿰뚫어볼 수 있게 되면 현장에서 맞닥뜨린 문제의 해결책을 어디에서 찾아야 하는지 파악이 가능하다. 이런 점에서 일정 기간 현장을 떠나 방법론을 체계화하는 훈련도 도움이 된다. 체계화된 교육을 거치지 않으면 지식은 파편처럼 머릿속에 흩어져 있을 가능성이 높다. 지식을 일관된 기준으로 정리하는 작업도 체계화된 교육 과정에서 가능한 일이다.

체계화된 교육은 비용과 시간의 투자가 필요하다는 점에서 직장 생활과 병행하기가 어렵다. 최근 현장을 떠나지 않은 상태에서 체계화된 교육을 받는 사람이 늘고 있지만 이는 여전히 쉽지 않은 일이다. 그래서 생각한 대안은 문제 해결에 필요한 자격증 취득을 목표로 학습하는 것이다. 자격증을 취득하기 위한 무조건적 암기에 대해 비판적인 시각을 가진 사람도 있다. 하지만 자격증 취득은 짧은 시간 안에 지식을 체계화할 수 있는 또 하나의 효과적 방법이다. 특히 시험이라는 제도가 현실 적용 가능성과 동떨어져 있다는 점이 아쉽지만, 기존의 지식을 단시간 내에 체계화할 수 있다는 장점은 그 단점을 상쇄하고도 남는다.

학습은 먼 미래를 위한 중·장기적 투자다. 이런 이유로 단기적인 성과를 중시하는 사람에게 학습은 항상 우선순위에서 밀려난다. 당신 역시 "좀 더 열심히 해야 할 텐데"라고 말하면서 정작 학습 계획은 늘 뒤로 미루고 있지 않은가. 학습은 자신의 계획에 맞춰 일정한 시간을 확보하고 투자해야 한다. 실천 가능한 방법 가운데 하나는 주중에 몇 시간, 주말에 몇 시간을 학습 시간으로 고정한 후 체계적인 학습을 지속하는 것이다.

전문가나 내공인으로 가는 과정에서 학습은 결정적인 역할을 한다. 다양한 경험을 쌓는 것만으로 충분하지 않다. 이런 점에서 현재 자신에게 요구되는 능력뿐 아니라 10년 후에 필요한 능력을 고양시키기 위해 필요한 학습이 무엇인지 정확히 파악하고, 실천에 옮기는 것이 중요하다.

이런 과정이 없다면 어느 누구도 전문가와 내공인의 단계에 도달할 수 없다. 학습의 장점 중 하나는 학습의 지평을 넓혀갈수록 기회를 보는 안목이나 판단력이 더욱 예리해진다는 것이다. 문제 해결력은 기존의 지식이나 경험으로부터 배울 수 있는 여지가 많다. 반면에 판단력이나 창조력은 학습 방법 자체가 모호하기 때문에 사람마다 더욱 큰 격차를 보이게 된다. 예를 들어 당신의 판단력을 강화하기 위해 어떤 학습을 해야 하는가? 당신의 창조력을 키우기 위해 어떤 학습을 해야 하는가? 이는 분명 문제 해결력을 습득하거나 어학 능력을 높이는 것과는 완전히 다른 차원의 지식이다. 실제로 이런 능력을 제대로 연마할 수 있는가의 여부가 전문가와 내공인의 진입 여부를 결정하기도 한다. 누구든지 체계화된 지식을 학습할 때는 큰 거부감이 없다. 그러나 학습 방법이 알려져 있지 않은 지식을 배우는 것은 상당히 어려운 일이다. 따라서 이런 지식을 가진 사람의 몸값이 높은 것은 당연하다.

한편 전문가의 학습은 직업 세계에 뛰어든 다음의 학습과 여러 가지 면에서 공통점을 갖고 있다. 그러나 전문가를 넘어서 내공인의 경지에 도달하는 데는 단순히 열심히 배우고 익히는 수준을 뛰어넘는 특별함이 필요하다. 이때는 학습 과정을 통해 자신만의 고유한 '그 무엇'을 만들어낼 수 있는가 하는 점이 중요하다. 고객에게 제공할 특별한 가치를 이끌어내는 과정은 때때로 신비롭기까지 하다. 불가능하다고 여겨지는 한계 속에서 발군의 실력을 보여주는 사람이 바로 내공인이다. 그들은 다른 사람이 쉽게 배울 수 없는 능력을 가지고 있다. 시장의 트렌드를 읽어내는 비상한 감각, 고객의 감동을 이끌어낼 만한 새로운 콘텐츠를 만드는 창의력, 상대방의 욕구나 필요를 정확하게 짚어내는 섬세함, 상대를 설득하거나 동기를 부여해주는 신뢰감 등은 쉽게 배울 수 있는 성질의 것이 아니다. 따라서 일단 이런 능력을 갖추는 데 성공한 사람에게 주어지는 성공 보수는 아주 높다.

그런데 직업 세계의 초기부터 중·장기적 계획을 세우고 학습에 임하거나 학습 행위 자체를 자신의 생활 가운데 굳건히 세운 사람을 만나기는 쉽지 않다. 직업 세계에서의 배움이란 학교에서의 배움과는 다른 점이 많기 때문이다. 직업 세계에서 나름의 학습 방법으로 무장된 사람은 더더욱 드물다. 직업인으로서 학습 방법과 배움에 대한 나름의 철학을 가지고 있는지, 새로운 것을 익히는 행위 자체를 즐기는지에 따라 전문가와 내공인 사이에 큰 차이가 생긴다.

5장

자기만의 학습 방법을 만들어라

업무 성과는 투자한 시간과 집중도, 일하는 방법의 곱하기식으로 나타낼 수 있는데, 이를 '성과 방정식'이라고 부른다. 세 가지 가운데 어느 것 하나라도 빠지면 효과를 거둘 수가 없다. 학습 성과 역시 똑같은 방정식이 적용된다. 학습 성과는 학습 시간과 학습 집중도, 학습 방법의 곱하기 식으로 표현하며, 이를 '학습 성과 방정식'이라고 부른다. 그런데 학습 시간이나 학습 집중도와 달리 학습 방법은 자신에게 맞는 것을 스스로 찾아야 한다. 전문가나 내공인을 지향하는 사람이라면 자신의 학습 방법에 대해 깊은 관심을 가져야 하고, 더 나은 방법을 찾기 위한 노력을 게을리해선 안 된다.

누구에게나 그대로 적용 가능한 학습 방법은 없다. 업무나 사람의 특성에 따라 학습 방법에는 차이가 난다. 누구든 자신의 학습 방법에 대해 많은 관심을 가지고 갖가지 방법들을 상호 비교하면서 더 나은 방법을 모색하는 데 최선을 다하지 않으면 과거의 방법을 그대로 답습할 수밖에 없다. 내가 만난 대부분의 사람들은 학습 방법에 대해 큰 관심을 기울이지 않았다. 그저 자신의 습관에서 크게 벗어나지 못한 채 익숙한 학습 방법을 반복하는 경우가 많았다.

넓은 의미에서 보면 학습 방법은 '자기 자신에 대한 지식'에 속한다. 자신에게 어떤 방법이 효과적인가를 스스로 찾아내야 하고, 이를 토대로 자신의 약점을 분석하고, 더 나은 방법으로의 개선 작업을 꾸준히 진행해야 한다. 누구나 일을 시작하는 초기부터 학습 방법에까지 관심을 가질 수는 없다. 초급자, 중급자를 거치면서 자신의 성과를 향상시키기 위해 단순히 투자 시간을 늘리는 것만으로는 충분치 않다는 깨달음을 얻는 순간이 온다. 그때 자신의 학습 방법에 대해 재고하게 되는 것이다.

나도 직장 생활을 시작하던 초기에는 과거의 방법을 반복했다. 그러나 같은 시간을 투자했을 때 학습의 성과가 다르게 나타난다면 단위 시간당 생산성을 올릴 수 있는 다른 방법이 분명 있을 거란 생각이 들었다. "더 나은 방법은 무엇일까?"라는 질문의 답을 찾는 과정에서 자연스럽게 학습 방법으로 관심이 옮겨가기 시작했다.

이런 고민을 하면서 나와 다른 사람의 학습 방법을 비교하게 되었다. 그리고 성공한 인물의 자서전을 읽으면서도 '그(혹은 그녀)는 어떻게 배우는가?'가 궁금해졌다. 자신의 삶을 공개하면서 "이것이 내 학습 방법이다"라고 분명하게 이야기하는 사람은 드물었다. 하지만 자서전 속의 주인공들은 알게 모르게 "나는 주로 이렇게 배웠다", "이런 방법을 사용할 때 가장 쉽게 배우게 된다"는 사실을 밝히고 있었다. 다른 사람의 경험으로부터 배운 학습 방법은 그냥 아는 수준에 머무는 것이 아니라 자신의 학습 방법을 개선하고 혁신하는 데 직접적인 도움을 준다.

실제로 이런 방법을 통해 단위 시간당 생산성을 크게 올릴 수 있다. 나아가 학습 방법에 대한 아이디어를 제공했던 사람보다 더 나은 자신만의 학습법을 개발할 수도 있다. 이와 같은 일련의 과정을 통해 저마다 독특한 학습 방법을 체계화해간다. 또한 '학습 시스템'이라고 부를 만한 수준의 메커니즘을 자신의 것으로 만드는 데 성공할 수도 있다. 전문가나 내공인의 경지에 도달한 사람이라면 누구나 타인의 것을 모방하는 데 그치지 않고, 어떤 사람에게도 자신 있게 소개할 만한 학습 시스템을 갖고 있다. 아마도 그런 기본적인 지적 인프라가 없었다면 그들은 전문가나 내공인의 경지에 도달할 수 없었을 것이다.

그런데 이런 지적 인프라가 구축된 후에도 일정 지점에 그냥 머물러 있지 않는다. 계속해서 다른 사람의 방법을 벤치마킹하고, 자신만의 독특한 버전으로 업그레이드한다. 이것을 달리 표현하면 특정 방법 자체를 발전시키는 것임과 동시에 더욱 다양화시키는 것이다. 나는 다른 사람의 학습 방법을 늘 눈여겨보고 호기심을 가진다. 이런 습관은 가치 있는 지식을 만들어내는 능력을 강화시키는 데 크게 기여한다.

대부분의 학습 방법에는 공통점이 있다. 대체로 읽는 방법을 선호한다. 그러나 효과적인 독서를 통해 자기의 능력을 모두 발휘하는 사람은 소수에 지나지 않는다. 효과적인 독서법을 배울 시간이 없었다기보다도 그것이 왜 중요한가에 대한 인식 부족이 가장 큰 원인이다. 읽기 등 자신의 학습 방법을 개선함으로써 큰 효과를 본 사람은 다른 학습 방법 개선에도 관심이 깊어진다.

국내의 대기업에 다니는 40대 초반의 중간 간부를 대상으로 한 소규모 모임을 진행하던 중이었다. "여러분의 친구 가운데 대단한 성과를 거둔 사람이 머릿속에 떠오릅니까?"라는 질문을 하자마자 뒷자리에 앉아 있던 한 참가자가 "멀리서 찾을 필요 없이 맨 앞에 앉아 있는 사람이 바로 그런 사람입니다"라고 답했다. 그래서 앞자리에 앉은 사람에게 "자신뿐 아니라 특별한 능력을 발휘하는 친구들에게 공통점이 있다면 무엇이라고 생각합니까? 자신에게서 그런 능력을 발견하기 힘들다면 대신 뛰어나다고 생각하는 친구의 비결 혹은 특징을 알려주십시오"라고 부탁했다. 그러자 그가 대답했다. "제가 높게 평가하는 그 친구는 다른 사람에 비해 아주 예리한 것 같습니다. 늘 새로운 각도에서 문제를 바라보거든요. 그 친구의 관찰력에 놀랄 때가 많습니다."

관찰은 독서 못지않게 중요한 학습 방법이다. 나라면 친구에게 직접 물어서라도 그가 다른 사람에 비해 관찰력이 뛰어난 이유가 무엇인지, 그리고 그만의 독특한 방법이 무엇인지 알아볼 것이다. 그리고 사례 연구에 그치지 않고 관찰력을 강화하는 방법에 대해 전문가가 집필한 책이나 연구 논문을 찾아 집중적으로 읽어볼 것이다. 이런 일련의 과정을 통해 효과적 학습 방법에 관한 더 많은 지식을 얻을 수 있다.

디자인 회사 IDEO의 공동설립자 가운데 한 명인 톰 켈리(Tom Kelly)는 운동선수가 본 게임에 들어가기 전에 충분한 스트레칭으로 몸을 풀어주는 것과 마찬가지로 우리의 관찰 근육도 어느 정도 스트레칭이 필요하다고 말한다. '관찰 근육'이라니 정말 멋진 단어가 아닌가! 그런 맥락에서 모든 학습 방법은 훈련을 통해 개선할 수 있는 일종의 근육이라고 말할 수 있다. 근육을 키우는 것처럼 모든 학습 방법도 발전시킬 수 있다.

그렇다면 관찰력을 키우기 위해 어떤 스트레칭을 해야 하는가? 톰 켈리는 항상 '결점 리스트'를 지니고 다니면서 적극적으로 이용하라고 권한다. 그가 언급한 결점 리스트는 과연 무엇일까?

당신이 새로운 것을 경험할 때마다 신중하게 주의를 기울이고 심지어 인상, 반응, 의문을 메모해야 한다. 특히 당신을 괴롭히는 문제에 대해서는 더욱 주도면밀하게 메모해야 한다. 우리는 이런 메모를 '결점 리스트'라고 부른다. 그 리스트는 당신의 인생을 바꿀 수 있다. 바로 그것이 스물여섯 살 청년 페리 클레반이 어느 날 스키장에서 경험한 일이었다.

관찰 기술을 단련하여 결점 리스트를 이용할 줄 알았던 페리는 눈신의 무게가 무려 4킬로그램 이상이라는 결점에 주목하고, 그 무게를 70퍼센트까지 줄여 스키장 내 어디든 신고 다니기 편한 눈신을 만드는 회사 애틀러스를 설립했다.[46]

이처럼 새로운 학습법을 습득할 기회는 얼마든지 있다. 관심을 갖고 지켜보면 우리는 언제 어디서든 자신의 학습 방법을 개선하고 더 나은 방법을 선택할 수 있다.

학습은 궁극적으로 정보의 입력 과정과 이를 처리하는 과정, 두 부분으로 이루어진다. 당신이 뇌과학 분야에서 속속 밝혀지는 지식을 참고할 수 있다면 자신의 두뇌 작동법에 대해 더 깊이 이해할 수 있고, 그것을 바탕으로 효과적인 학습 방법에 대한 무한한 정보를 얻을 수 있다.

전문가와 내공인에게 학습은 가장 중요한 프로세스 가운데 하나다. 이 프로세스에 대해 자신만의 독특한 견해나 관점을 가지고 있지 않으면 학습에서 큰 효과를 거둘 수 없다.

내 경험에 미루어보면 학습 방법에 대한 배움과 개선 활동은 끝이 없다. 우리는 자신만의 고유한 학습 방법을 만들어내기 위해 노력해야 한다. 그리고 초급자 시절부터 학습 방법에 특별한 관심을 쏟아야 한다. 이 같은 습관이 가져다주는 혜택은 우리가 기대하는 것 이상이다.

간혹 배움의 방법에 대해 문을 걸어 잠근 사람을 만날 때가 있다. 이들에게서 더 이상의 성장을 기대하기 어렵다. 그들은 자신도 모르는 사이에 정체되기를 선택한 것이다.

전문가와 내공인은 자신만의 학습 방법을 어느 정도 체계화하는 데 성공한 사람들이다. 그들 역시 다른 사람의 것을 참조하고 모방하는 데서 출발했다. 하지만 종국에는 다른 사람에게 "나만의 학습 방법은 이런 것이다"라고 자신 있게 설명할 수 있는 경지에 이르렀다. 우리가 내공인의 독특한 학습법을 발견하고 나만의 버전으로 전환시킬 수 있다면 수십 년간의 노력과 시행착오를 통해 이룩한 내공인의 성과를 어떤 대가도 지불도 하지 않고 자신의 것으로 만들 수 있다. 이런 노력은 단순히 학습 성과를 높이는 것뿐만 아니라 즐겁고 유쾌한 인생을 사는 데도 큰 도움을 준다.

6장

자기만의 스타일을 찾아라

일정 기간을 집중적으로 투자하지 않으면 어느 누구도 전문가의 영역에 진입할 수 없다. "어느 정도의 시간을 투자해야 하는가?"라는 질문에는 다양한 의견이 있을 것이다. 하지만 기존의 연구 결과와 개인적인 경험을 참조하면 보통 10년 전후의 집중적인 선행 투자가 이루어져야 한다고 본다. 이는 전문가로 입신하는 데 반드시 필요한 시간이다. 이와 관련한 기존의 이론과 내 생각은 이미 《10년 법칙》에서 정리한 바 있으므로 추가 설명이 필요하지 않을 거라고 본다. 하지만 그 책을 읽지 않은 독자를 위해 저명한 심리학자인 하워드 가드너의 주장을 언급하고 넘어가겠다.

어느 분야의 전문 지식에 정통하려면 아무리 열광적으로 몰두했더라도 최소한 10년 정도는 꾸준히 노력해야 한다. 창조적인 도약을 이루기 위해서는 자기 분야에서 통용되는 지식에 통달해야 한다. 바로 이런 이유에서 10년 정도의 꾸준한 노력이 선행되지 않으면 의미 있는 도약을 이룰 수가 없다. 흔히 모차르트는 이 규칙이 적용되지 않는 예외라고 말하지만, 그 역시 10년간 수많은 곡을 쓴 다음에야 훌륭한 음악을 연거푸 내놓을 수 있었다. 물론 더 오랜 세월이 필요했던 인물도 있을 것이다. 그리고 대다수는 또 다른 10년 후에 다시 한 번 중대한 혁신을 이루었다.

하지만 10년 동안은 전문기술을 그저 추종하기만 하고 그 다음에 비로소 자기만의 혁신적인 업적을 내놓을 수 있다는 말은 옳은 얘기가 아니다. 창조적인 도약을 이룬 인물들은 아주 어린 시절부터 탐구자이며 혁신가이고 사색가인 경우가 많다. 이들은 다수를 따르는 데만 만족하지 않으며, 선택한 분야뿐만 아니라 다른 분야에서도 실험적인 시도를 하는 모습을 자주 보인다.[47]

전문가로 입신하는 데는 반드시 일정 기간 동안 자신에게 주어진 시간을 최대한 활용하려는 노력이 필요하다는 사실에 동의한다.

그런데 하워드 가드너의 지적 가운데 "대다수는 또 다른 10년 후에 다시 한 번 중대한 혁신을 이루었다"라는 대목이 있다. 초기의 집중적인 노력은 기존 이론이나 지식, 경험을 통합함으로써 자기 분야를 마스터하도록 돕는다. 그렇게 해서 만들어지는 전문가는 대개 자신의 분야에서 기존의 정보를 마스터하고, 최고의 성과를 만들어낼 수 있는 능력을 가진 사람이다.

그런 그들도 내공인의 경지에 들어가기 위해서는 계속해서 자신만의 생각이나 의견을 내놓을 수 있어야 하고, 이것을 전문가나 고객 혹은 대중에게 인정받아야 한다. 간혹 "일가견을 가진 사람"이라는 말을 듣게 되는데, 이들은 어떤 분야에서 자신만의 생각, 의견, 이론, 성과를 가지고 독보적인 경지를 이룬 사람을 의미한다. 그리고 나는 이런 경지에 들어선 사람을 '내공인'이라고 부른다.

대다수의 전문가는 자신이 성취한 일정 정도의 수준에 만족하며 멈추어 선다. 하지만 내공인이 되기를 원하는 사람은 전문가 단계에서 더 큰 욕망, 이를테면 자신만의 독특한 업적을 남기거나 신화를 만드는 것 자체에 의미를 둔다. 이처럼 내공인은 전문가에 도달하고 나서 자신이 나아가야 할 바를 재정립하는 데 성공한 사람이다. 이때부터 이들은 자신이 업무를 수행한다고 여기기보다 도(道)를 닦는 정진 과정에 뛰어들었다고 생각한다.

이를 두고 20년간 다국적 기업에서 잔뼈가 굵은 이재희 전 인천국제공항공사 사장은 "인생은 위대함을 향한 여정이다"라고 말했다. 자신 내면에 숨겨진 원석을 캐내어 갈고 닦아 위대함 그 자체를 실현하기 위해 시작도 끝도 없는 광야로 떠나는 그런 여행 말이다.

일단 이런 경지에 도달하려는 사람의 시선은 먼 미래를 향해 있고, 순간보다는 영원을 생각한다. 그들은 전문가가 되기 위해 노력한 지난 10여 년간보다 더 높은 강도의 노력을 계속한다. 끊임없는 노력을 통해 한 분야를 마스터하고 난 후 또다시 더 큰 도약을 이루는 것이다. 여기에 내공인의 탄생 비밀이 있다. 이때부터는 과거의 10년과 달리 자신이 참조해야 할 모델이 부족하기 때문에 스스로가 자신의 역할 모델이 되어야 한다. 이런 과정에서 내공인은 다른 사람의 평판이나 명성에 신경 쓰지 않는다. 대신 용기와 도전이 필요할 때마다 늘 자기 자신에게 의지한다. 전문가에 도달하는 과정에서도 그의 능력에 대해 왈가왈부 주변의 이야기가 끊이지 않는데, 내공인의 초입 단계에서 비판적인 이야기가 나오는 것은 당연하다. 그것은 새로운 시도에 대한 비판일 수도 있고, 지나치게 특출난 행동에 대한 시기나 질투일 수도 있다.

그러나 내공인의 능력이 무르익으면 질투나 시기심은 사라진다. 대신에 존경과 경외감을 갖고 내공인을 바라본다. 질투나 시기심은 자신도 노력하면 그(혹은 그녀)처럼 될 수 있다고 생각할 때나 느낄 수 있는 것이다. 그러나 내공인의 경지가 무르익으면 주변 사람들은 스스로 포기한다. '누구나 저렇게 될 수 있는 건 아니야', '정말 대단한 사람이다'라는 인식이 확산되면서 주변의 소음은 사라지고 '도의 경지'에 도달한 사람에게 진심 어린 성원을 보내게 된다. 물론 내공인이 늘 우호적인 반응을 이끌어내는 것은 아니지만 전문가에 비교하면 비판이나 시기, 질책이 현저하게 줄어드는 것만은 사실이다.

10년간의 집중적 투자 후에 전문가가 된 사람이라면 자신이 걸어온 길에 대해 비판적인 성찰을 하게 된다. 그리고 자신만의 독특한 세계에 대한 열망을 갖게 된다. 물론 전문가라고 해서 누구나 이런 길을 선택하는 것은 아니다. 내공인이 되기 위한 동기 역시 전문가가 되기 위해 헌신하던 시절의 것과는 뚜렷하게 구별된다. 동기와 의미 부여, 새로운 목표 설정 등은 어느 누구도 전문가에게 강요할 수 없는 일이다. 스스로 결심하지 않는 한 내공인은 탄생하지 않는다.

사람은 항상 자신의 삶과 생활에서 의미를 찾길 원한다. 그래서 전문가로서 일정한 성과를 거두게 되면 은퇴한다거나 적당히 일하면서 흘러가버린 세월을 보상받으려는 것처럼 생활의 균형을 찾는 사람도 있다. 여기서 생활의 균형은 보통 사람이 원하는 일상의 소소한 즐거움과 일 사이에 적절한 균형을 회복시켜 나가는 것을 뜻한다.

이와 달리 전문가 중에서 더 높은 세계를 향해 자신의 에너지를 집중시키려고 하는 사람들이 있는데 이들이 바로 내공인에 해당된다. 내공인은 전문가일 때와 비교해 감정적으로 안정되어 있고 스스로 생활을 조절하는 방법을 익혔기 때문에 예전보다 즐겁고 유쾌하게 일할 수 있다. 과거에는 의무감에서 일했다면 이제는 의미를 찾아서 일한다고 보면 된다. 그때부터 또다시 10년간의 집중적인 헌신이 필요하다. 내공인은 10년 간격으로 한 단계씩 도약한다. 전문가에서 내공인의 단계를 차근차근 밟아 더 높은 수준으로 나아가는 것은 평생에 걸친 도전인 셈이다.

10년, 또다시 10년의 집중적인 경험과 도전, 학습이 반복적으로 이루어질 때 내공인의 '지적 인프라'는 확고히 기반을 잡는다. 마치 난공불락의 요새처럼 어떤 외부의 포화에도 무너지지 않는 굳건한 토대를 구축하게 되는 것이다. 일단 이 같은 내공인의 지적 인프라는 노력이 더해질수록 더욱 강력해진다. 이때 그들의 강함은 고집이나 외골수와는 거리가 멀다. 오히려 유연성과 확장성을 기초에 두고 있다.

이런 지적 인프라를 통해 내공인이 얼마나 더 성장할 수 있는가는 미지수다. 무한대라는 표현을 사용해야 할 정도로 성장 가능성은 열려 있다. 내공인의 대다수는 영원한 현역으로 지금도 부지런히 활동하고 있다. 운동선수는 세월의 흐름에 따라 육체적인 한계에 도달할 수밖에 없지만 숙련도나 지식을 요구하는 분야의 내공인에게는 한계가 없다. 영원한 현역으로 뛸 수 있을 정도의 토대가 구축되면 그들은 계속해서 새로운 역사를 써나갈 수 있다. 그렇게 내공인은 자신의 분야에서 신화를 창조하는 것이다.

제**4**부

내공이 자신만의 특성을 만든다

내공인은 두뇌 안에 다양한 경험, 정보, 지식이라는 원재료를 이용해 창의적인 아이디어라는 상품을 만드는 지식 공장을 가지고 있다. 하지만 다양한 지식이 가졌다고 해서 저절로 지식 공장이 만들어지는 것은 아니다. 두뇌 속에 지식공장을 짓기 위해선 일정 기간에 걸쳐 집중적인 노력이 필요하다. 마치 많은 시제품을 거치면서 제조업 공장이 품질 면에서 안정을 찾는 것과 마찬가지로 제대로 된 지식공장을 만들어 내기 위해서는 자신만의 반복적인 수련이 필요하다.

1장

계속 실험하고 도전하라

많은 경험과 풍부한 지식만이 전부가 아니다. 전문가나 내공인은 자신만의 독특한 관점, 의견, 방법, 스타일을 반드시 갖고 있어야 한다. 다양한 경험과 풍부한 지식은 제조 공장에서 완제품 생산을 위해 쌓아둔 원재료에 불과하다.

그렇다면 어떻게 자신만의 독특한 관점이나 의견 등을 만들 수 있을까? 도자기를 굽는 장인이 수많은 시제품을 버리는 것과 마찬가지로 전문가나 내공인 역시 수련 과정에서는 완전하지 않더라도 가능성 있는 상품이나 서비스를 많이 내놓아야 한다. 그리고 이런 활동에 따르는 비난과 당당히 맞설 수 있어야 한다. 이런 가혹한 수련 기간이 없다면, 어느 누구도 내공인은 고사하고 전문가의 단계로조차 진입할 수 없을 뿐 아니라 자신만의 고유한 관점,

의견, 방법, 스타일도 갖출 수 없다.

그래서 직업 세계의 초기부터 지나치게 완벽함을 추구하는 사람은 전문가의 길에 들어서기가 힘들다. 예를 들어 문제가 발생하는 가상의 상황을 머릿속으로 그려보는 데만 익숙한 사람은 자신의 것을 만들어내는 성과를 이루지 못한다. 뛰어난 능력을 발휘하며 자신의 분야에서 많은 성과를 이룬 사람도 자신에게 꼭 맞는 방법이나 스타일을 찾아내는 데 실패하기도 한다. 이들의 공통점은 처음부터 지나치게 완벽함을 추구한다는 것이다. 완벽함을 지향하는 것은 무척 중요하다. 하지만 그로 인해 다양한 실험을 하지 못한다면 그건 소심함이나 우유부단함과 같다. 미완성 작품을 만들어내더라도 조금씩 나아지기 위해서는 다양한 연습 과정을 반드시 거쳐야 한다. 연습이 연습 그 자체만을 뜻하는 것은 아니다. 미완성 작품을 내놓는 연습 또한 시도하던 당시에는 실전이다. 이처럼 끝없는 연습 같은 실전을 통해 초보자는 중급자로, 중급자는 전문가의 길에 들어서게 되는 것이다.

실험 과정에서 부지런함은 으뜸가는 덕목이다. 자신에게 주어졌거나 자신이 찾아낼 수 있는 모든 종류의 실험을 누구보다 열심히 시도해야 한다. 이런 실험을 거치면서 직업인은 가능성의 문을 조금씩 열 수 있게 된다. 처음부터 가능성의 문이 활짝 열리지는 않는다. 처음에는 어렴풋한 형태로 나타나지만, 실험이 거듭되면서 차츰 틀을 갖추게 되는 것이다. 실험 기간 동안 사회적 압력을 경험하기도 한다. "굳이 그렇게까지 할 필요가 있을까", "너무 튐다", "너무 무모하다"와 같은 지적을 받을 수도 있고, "어떻게 저런 작품을 내놓을 수 있는가"라는 비판을 받을 수도 있다. "좀 더 완전해지면 그때 내놓지", "너무 다작(多作)이다" 등 자신의 게으름을 합리화하는 내면의 목소리를 들을 수도 있다. 그러나 이런 장애물을 넘어설 때 비로소 전문가가 될 수 있고, 내공인의 단계로 도약할 수 있다.

이런 실험 과정을 거친 전문가 중에는 숙련 이상의 세계, 즉 자신만의 고유한 방법이나 기술을 찾는 데 열심인 사람이 있다. 이것들을 찾지 못하면 탁월한 성과를 낼 수 없기 때문이다. 그들은 여타의 사람들과 똑같은 방법으로는 남다른 성과를 낼 수 없다는 것을 알고 있다. 그러나 자신만의 고유한 것을 찾아내려면 무척 힘겨운 과정을 거쳐야 한다. 이런 과정에서 대부분의 사람은 자신의 한계를 깨닫고 주저앉아버린다. 그래서 전문가의 영역을 넘어서 내공인의 단계에 도달하는 사람이 소수뿐인 것이다.

대부분의 직업인은 '이 정도면 됐어'라는 심리적 한계를 통해 더 이상 나아가기를 포기해버린다. 이런 점에서 전문가도 예외는 아니다. 그러나 내공인은 전문가의 영역에 도달하면 약간의 허전함을 느낀다. 그래서 아무도 개척하지 못한 영역의 가능성에 대해 생각을 가다듬고, 앞에서 잠깐 언급한 것처럼 자신의 목표 자체를 재조정하게 되는 것이다.

목표를 재조정하는 과정은 자신의 한계를 거의 무한대로 확장하는 계기가 된다. 이때부터는 자신의 도전을 성과의 극대화에 두지 않고, 신화 창조에 맞춘다. 이 과정에서 겪는 모든 경험은 더욱 깊은 의미를 지니게 되고, 자신이 작품을 만드는 예술가와 비슷한 역할을 수행하고 있음을 확신하게 된다. 단순히 높은 성과를 목표로 달리는 사람과 아무도 가지 않은 길을 느리게 개척하는 사람의 삶은 전혀 다른 모습으로 다가오게 마련이다.

누구나 처음부터 이런 경지를 꿈꾸는 것은 아니다. 그러나 전문가의 영역에 가까이 다가가면서 사람은 자신의 일에 대해 강한 애착을 느끼는 동시에 자신만의 독특한 철학을 갖게 된다. 이때 '철학'은 자신을 위한 성과가 아니라 다른 사람의 유익에 더 큰 비중을 둔 생각이다. 내공인은 자신의 일이나 경험을 통해 다른 사람에게 도움을 줄 수 있다는 강한 자기 확신을 가져야 한다. 인간은 이기적인 존재이면서도 타인을 도울 수 있다는 확신이 생길 때 더욱 열정적으로 자신의 일에 몰입하기 때문이다.

삶과 일에 대한 의미가 하나의 일체감을 가질 때 내공인에게 새로운 일을 경험한다는 것은 살아 있음을 느끼는 행위이며, 동시에 즐거움을 체험하는 과정이기도 하다. 이때 내공인에게 자신의 업무는 새로운 의미의 예술 작업이나 마찬가지다.

그러나 내공인에 가까이 다가선 사람이라고 해서 새로운 경험이 늘 즐거운 것만은 아니다. 새로운 경험은 항상 적절한 긴장감과 두려움을 동반한다. 그런 감정은 인간이 진화하면서 가지게 된 생물학적 본능이다. 이를 토대로 인간은 새로운 것에 무턱대고 달려들지 않는 조심성과 신중함을 갖추게 되었고, 그것은 생존에 큰 도움을 주었다.

　내공인 역시 인간이므로 새로운 것 앞에서 두려움을 느끼고 긴장한다. 그러나 그 공포를 넘어서야만 새로운 단계에 진입할 수 있다는 사실을 알고 있다. 때문에 멈추지 않고 미지의 세계를 향해 한 발자국을 내딛으면서 성장을 거듭한다. 또한 새로운 경험을 통해서 '그렇게 두려워할 만한 일이 아니다'라는 사실을 깨우치기도 한다.

　내공인의 특징 가운데 하나는 사람들 대부분이 새로운 경험을 환영하지 않는다는 사실을 알고 있다는 점이다. 다시 말하면 내공인 역시 인간이므로 인간적인 약점을 잘 이해한다는 얘기다. 따라서 내공인이 새로운 경험의 영역으로 자기 자신을 끊임없이 밀어 넣는다는 표현은 아주 적절한 것 같다. 내공인 역시 새로운 경험을 환영해야 한다는 생각과 가능한 한 그런 경험을 하고 싶지 않다는 생각이 늘 마음속에서 충돌하고 있다. 이는 지극히 인간적인 갈등이다.

　그럼에도 내공인은 결국 이런 인간적인 감정을 뛰어넘는다. 물론 그들이 늘 성공하는 것은 아니다. 패배할 때도 있다. 하지만 내공인은 이를 딛고 일어나 다시 도전하고, 실패하면 또다시 일어나 도전하기를 반복하면서 자기 성장 프로젝트를 지속적으로 진행해 나간다.

2장

시행착오를 감내하라

우리는 시간의 흐름에 따른 성장이나 변화를 생각할 때 아무런 굴곡 없는 1차 함수를 머릿속에 그린다. 다시 말해 초급자에서 전문가로 성장해가는 과정을 1차 함수 그래프처럼 별다른 굴곡 없는 직선으로 생각한다는 것이다. 그러나 이처럼 순항하는 경우는 찾아보기 힘들다. 비교적 순탄하게 성장하는 사람도 있지만 새로운 실험에 도전하는 사람에게 늘 그런 행운이 함께할지는 의문이다. 끊임없이 도전할수록 많은 굴곡과 좌절을 경험하게 된다. 한마디로 시행착오를 하지 않으려면, 다른 사람들처럼 무난한 길을 선택해야 한다는 얘기다. 그런 경우 전문가의 수준에 오르는 것이 정점이라고 할 수 있다.

만약 전문가 가운데서도 아주 높은 수준에 오르기를 원한다거나, 이를 뛰어넘어 내공인의 단계에 도달하기를 원한다면 어느 정도의 시행착오를 경험할 수밖에 없다. 물론 다시 일어설 수 없을 정도의 결정적인 타격을 입는 실수나 실패는 피해야 할 것이다. 하지만 크고 작은 시행착오라는 비용을 지불하지 않으면 전문가나 내공인의 반열에 들어설 수 없다.

내공인은 다른 사람이 가지 않는 길을 적극적으로 개척해나간다. 그들은 다른 사람의 의견도 참고하지만 자신만의 주장이나 의견, 판단에 따라 새로운 도전을 계속한다. 새로운 도전에는 그만큼의 실수나 실패에 대한 리스크가 따르기 마련이다. 실패할 경우 초보자는 몹시 낙담하거나 실망해서 다시 일어설 용기나 자신감을 잃어버린다. 초보자에서 전문가로 가는 과정에서 경험한 한두 번의 결정적인 실패 때문에 자신의 길을 포기하는 사람도 드물지 않다.

내공인과 대부분의 전문가는 경지에 도달하기까지 많은 성공 경험과 약간의 실패 경험을 갖고 있다. 이때 내공인은 횟수나 정도 면에서 성공 경험이 실패 경험을 압도하기 때문에 '결국 잘 풀릴 거야'라고 낙관적으로 생각한다. 다양한 성공 경험은 내공인에게 새로운 도전에서 발생할지 모르는 실수나 실패를 극복할 힘을 제공해주는 것이다.

또한 내공인은 실수나 실패를 경험하더라도 자신에 대한 믿음을 잃지 않는다. 도전에는 그런 일이 항상 따라다니게 마련이며, 중·장기적으로 볼 때 그 경험이 자신에게 대단히 긍정적인 효과를 준다는 사실을 인지하고 있는 것이다. 이런 이유로 그들은 초심자나 중급자가 쉽게 포기하는 역경의 순간에도 크게 좌절하지 않고 오뚝이처럼 다시 일어서서 자신의 길을 개척해나간다.

실제로 시행착오를 경험하지 않고 전문가와 내공인의 경지에 이르는 사람은 없다. 시행착오는 대부분 강한 교훈을 안겨준다. 시행착오는 강한 각인을 남기는 경험이다. 특히 내공인의 경우, 일찍이 어느 누구도 시작하지 않았거나 앞서 간 사람이 여러 번 참담한 실패를 거듭한 일을 다시 시도했을 가능성이 높다. 이미 시행착오를 경험한 내공인은 실패나 실수에도 의연하게 대처할 수 있다.

그렇다고 해서 절대 무모한 사람은 아니다. 그들은 도전하기를 좋아하지만 실패했을 경우 자신이 지불해야 할 비용, 즉 시간이나 재화를 잃어버린다는 사실을 늘 염두에 두므로 신중에 신중을 거듭한다. 그리고 자신에 대한 믿음을 갖고 있지만, 상황을 모두 통제할 수 있는 그런 능력을 갖고 있지 않다는 사실을 겸허하게 인정할 줄도 안다. 내공인은 자신이 할 수 있는 최선의 노력을 다하지만, 결과에 영향을 미치는 요인 가운데서 자신이 통제할 수 없는 부분이 많다는 점을 알고 있다. 여러 경험을 통해 그들은 겸손과 겸허를 갖게 된 것이다.

따라서 그들은 새로운 도전에 앞서 항상 모든 가능성을 살펴보고 주의를 기울인다. 그러나 일단 일을 시작하면 확실하게 밀어붙인다. 소심과 주의는 시작 전의 일이고, 시작하면 전부를 건다는 심정으로 달려드는 것이다. 내공인의 큰 장점 가운데 하나는 불확실한 상황에서도 매사를 적극적으로 추진하고 이를 통해 성공 경험을 축적하기 때문에 합리적인 낙관주의 성향이 강하다는 것이다. 그래서 늘 매사가 잘 풀릴 거라는 믿음을 가지고 살아간다. 이는 무척 중요한 덕목이다. 왜냐하면 미래의 결과물은 그냥 주어지는 것이 아니라 각자가 만들어가는 것이기 때문이다. 결과는 상당 부분 자신이 가진 생각, 믿음, 신념에 달려 있다.

내공인은 상황이 어려울수록 강한 승부욕을 불태운다. 어려운 상황을 극복하기 위해 자신이 가진 모든 능력을 총동원하는 것이다. 결과가 잘 나오면 가장 좋겠지만, 그렇지 않더라도 이들은 어려움을 극복해가는 과정 그 자체에서 많은 것을 배운다.

그리고 설욕할 기회를 기다리는 것이다. 이번에 실패하더라도 다음 번, 그 다음 번에는 지금 배운 경험과 교훈을 바탕으로 결국 성공할 것이라 생각한다. 이렇게 어려움을 극복하고 나면 그들은 또 한 번의 도약을 이루게 된다.

승패에 상관없이 모든 경험은 내공인의 성장에 꼭 필요한 원재료의 역할을 한다. 그래서 내공인은 어렵건 쉽건 당면한 모든 경험을 환영한다. 이따금 주변 환경이나 여건에 대해 툴툴거리며 불평불만을 늘어놓을 법도 하건만 그들은 절대 불평하지 않는다. 그렇게 해도 얻을 게 아무것도 없다는 사실과 그런 식으로 자신에게 스트레스를 줄 필요가 없다는 사실을 알고 있기 때문이다. 그들은 불평과 불만을 쏟아놓는다고 해서 바뀌는 게 아무것도 없음을 어느 누구보다 잘 알고 있다. 그래서 현명하게 처신하는 편을 선택하는 것이다.

또한 그들은 이제까지 자신의 분야에서 멋진 성과를 만들어냈다고 해서 앞으로 펼쳐질 모든 승부에서 승리를 거둘 수 없다는 사실도 알고 있다. 가능한 한 승률을 올리기 위해 최선을 다하지만 자신이 처참할 정도의 실패를 맛보더라도 '그럴 수도 있다'고 가볍게 넘어간다. 그들은 자신의 삶에서 일이 차지하는 부분을 중요하게 생각하면서도 너무 치우치지 않도록 조심할 줄도 안다. 게임은 이길 수도 있고 질 수도 있다. 물론 평균적으로 이길 가능성을 한층 높여야 한다고 생각한다. 그러나 백발백중 항상 이겨야 한다는 강박관념에 시달리지는 않는다. 그들에게 모든 것은 흘러가는 대상이다. 승리가 있으면 패배도 있는 것이 세상의 이치라는 사실을 인식하고 있다.

내공인은 내면세계에서 더할 나위 없는 치열함을 유지하고 있지만, 그들의 외면은 그지없이 평온해 보인다. 그들은 자신이 하는 행위 자체를 즐길 줄 알기 때문이다. 최선을 다하지만 이번 게임에서 반드시 이겨야 한다는 스트레스를 받지 않는 것이다. 내공인은 긴장을 풀고 부드럽게 공을 맞추는 야구선수처럼 자신의 일을 대하는 데 익숙하다. 오늘보다 내일 더 나은 사람이 되기 위해 노력하면서 오늘의 역경이 내일의 자산이 될 수 있도록 만드는 사람은 바로 자기 자신임을 늘 염두에 둔다. 요컨대 내공인은 실수나 실패에 대한 두려움을 갖고 있지만 원하지 않는 경험도 자신을 성장시키는 데 불가피한 요소임을 인정할 줄 아는 것이다.

3장

차별성을 만들어라

같은 분야에서 일하는 사람이 누구나 만들어낼 수 있는 정도의 성과를 낸다면 누가 내공인이라고 부르며 존경하겠는가? 누구나 만들 수 있다고 생각하는 상품이나 서비스, 작품을 만들어낸다면 누가 그를 내공인이라고 부르겠는가?

내공인이라는 칭호를 받으려면 한마디로 다른 사람과 뚜렷하게 구별되는 '그 무엇'을 만들어내야 한다. 그것도 한두 번에 그치는 것이 아니라 꾸준하게 말이다. 한두 번 다른 사람의 관심을 불러일으킬 정도의 상품이나 서비스를 만들어 화려한 스포트라이트를 받는 전문가는 많지만 지속적으로 훌륭한 작품을 만들어내는 사람은 찾아보기 힘들다.

누구든지 풍부한 원재료를 가질 수 있다. 현재와 같은 네트워크

시대에 웬만한 정보는 과거와 비교할 수 없을 정도로 빠른 시간 안에 저렴한 비용으로 구할 수 있다. 그러나 이들을 조합하여 고객이 원하는 가치를 창출할 정도의 특별한 '그 무엇'으로 가공해 낼 수 있느냐 하는 것은 실로 어려운 과제다. 우선은 무엇이 필요한가를 정확하게 찾아내야 하고, 이를 바탕으로 제대로 판단해야 하며, 다른 사람이 상상할 수 없을 정도의 창의적 발상에 기초해 구체적인 상품이나 서비스, 작품으로 만들어야 한다. 이때 고객의 열화와 같이 뜨거운 반응도 필요하다. 전문가라고 할지라도 이런 과정 하나하나에서 뛰어난 능력을 발휘할 수 있을 만큼 자신의 수준을 끌어올리는 것은 쉽지 않다.

내공인이라면 초보자 때부터 능력이 향상되는 단계에 맞추어 자신만의 독특한 관점과 방법, 스타일을 가져야 한다. 대다수가 공유하는 믿음이나 생각을 있는 그대로 받아들인다면 그는 결코 고객에게 감동과 놀라움을 주는 상품이나 서비스를 만들어낼 수 없다. 놀라운 성과를 꾸준히 내는 일은 한두 번의 이벤트라기보다 축적의 결과물이다.

자신만의 관점이나 의견, 시야를 하나로 묶어 자신만의 '독특한 문제 접근법'이라고 한다. 이 독특한 문제 접근법은 직업 세계의 초기 단계에서 어떻게 형성되는가? 이는 평소 생활 습관과 밀접하게 연결되어 있다. 생각이 자유로우면 주변을 유심히 살펴보게 되는데, 이런 과정에 별다른 편견이나 선입견은 반영되지 않는다. 하지만 독서적인 성격을 가진 사람은 항상 자신의 틀을 만들고 그

틀을 벗어나면 부정적인 반응을 보일 뿐 아니라 공격적이고 비판적인 시각을 갖게 된다. 그리고 주변의 모든 것을 머물러 있거나 늘 머물러 있어야 하는 것으로 생각한다.

자유로운 생각을 가진 사람은 모든 일이 주변의 상황에 쉴 새 없이 영향을 주고받는다는 것을 알고 있다. 그래서 호기심과 경외감을 갖고 주변에 있는 것을 관찰한다. 이처럼 자신의 내면세계로 향한 문을 활짝 연 사람은 새로운 관점을 갖게 된다. 반면에 새로움과 변화, 신기함에 대해 문을 닫아 버린 사람은 자신만의 관점이나 기회를 가질 가능성이 낮다.

내면의 태도는 참으로 중요하다. 전문가는 전문적인 기술을 갈고 닦는 것으로 충분히 이룰 수 있지만, 이를 넘어서 내공인의 단계로 올라가기 위해서는 열린 내면세계를 유지해야 한다. 주변의 정보나 지식이 흘러 들어오고 나가는 그런 오픈 시스템을 갖는다면 모든 것이 새로움으로 다가올 것이다. 이런 상태가 유지될 때 사람은 일상을 반복이 아니라 새로움으로 받아들이게 된다. 그리고 이제까지 만들어온 기존의 것을 고집하지 않고 계속해서 비운다. 여기서 비운다는 것은 곧바로 새로운 것으로 채울 수 있음을 뜻한다.

내공인은 지적 자극에 계속해서 자신을 노출시키면 예리한 관찰력으로 주변을 바라본다. 그리고 자기 자신에게 "다른 사람보다 잘할 수 있는 '그 무엇'이 있는가?"라는 질문을 던진다. 타인이 전혀 예상하지 못한 깜짝 놀랄 만한 '그 무엇'을 만들어낼 수 있을까? 이제껏 그 누구도 시도하지 못한 신화를 창조할 수 있을까? 이런 질문을 받으면 두뇌는 정교한 레이더망을 펼쳐 주변을 샅샅이 훑어보게 된다. 이것은 의식적으로 이루어지기도 한다. 하지만 오픈 시스템을 유지하는 사람의 뇌는 거의 무의식적으로 레이더처럼 움직여 주변의 것들을 예사롭지 않게 지켜본다. 이런 상태에 대해서는 '순간 포착'이라는 말을 사용하는 것이 가장 적절할 듯싶다.

무덤덤하게 살아가는 사람은 주변에 새로운 것이 등장해도 그냥 흘려보낸다. 그들에게는 "와, 대단하다!"라고 감탄사를 연발할 일이 좀처럼 없다. 그러나 내공인의 경지에 다다른 사람은 절대로 그 순간을 놓치지 않는다. '찰칵' 하고 사진을 찍듯이 그런 순간을 기억해 창조의 원천으로 삼는다. 많은 사람에게 비슷한 기회가 주어지지만 이를 자신의 관점에 맞춰 기회의 장으로 활용하는 사람은 내공인의 경지에 다가서는 사람뿐이다.

그들은 경험을 통해 '무심(無心)이 적이다'라는 사실을 잘 안다. 매사를 유심(有心)으로 받아들이는 사람은 의식적이든 무의식적이든 간에 늘 관심과 감탄, 경외감으로 주변을 대한다. 이런 훈련이 된 사람은 관습이나 통념, 다른 사람이 당연하게 여기는 것조차 뒤집어보게 된다. 이렇게 내공인은 자신만의 관점으로 세상을 바라보는 일이 몸에 밴 사람이다.

그들은 세상을 자신만의 관점으로 바라봤을 때 얼마나 큰 장점을 갖게 되는지 알고 있다. 이런 실질적인 이득 이외에 다른 시각을 갖고 있다는 점에서 상당한 자부심을 갖는다. 성과 외에도 자존감 때문에 더 새로운 자신만의 관점을 가지려 노력하는 것이다.

이렇게 해서 얻어진 자신만의 독특한 결과물은 고객으로부터 뜨거운 호응을 얻는다. 그 성과물에 대해 갈채를 보내는 사람이 그들의 동력이 되기도 한다. 오늘날 예술의 세계부터 비즈니스의 세계에 이르기까지 시장에서는 끊임없이 고객과의 소통이 이루어지고 있다. 고객은 대단한 작품을 보면 기꺼이 갈채를 보내고, 이는 구매로 이어진다. 이런 보상 시스템이 시장경제에서 작동하면 내공인이 계속해서 활동을 할 수 있는 동기가 된다.

새로운 시도와 성공, 보상이라는 채널이 작동하면 내공인은 늘 고객을 의식하면서도 고객의 뜻에 무조건 영합해선 안 된다는 사실도 깨우치게 된다. 때로는 고객에게 "이것이 당신이 원하는 것입니다"라며 독특한 그 무엇을 먼저 제공하기도 한다. 내공인은 고객을 의식할 수밖에 없다. 하지만 결코 고객에게 아부하지 않는 당당함이 중요하다는 사실을 인식하고 있다. 자기만의 독특한 스타일에 따른 결과물은 자기만족에 그치지 않고 고객과의 상호작용을 통해 계속 성장한다. 그래서 내공인은 고객에게 아부하거나 영합하지 않으면서도 적절한 관계를 맺어가는 방법을 나름대로 터득하게 되고, 그 속에서 자신의 관점을 유지하기 위해 노력한다.

시장과 고객이란 존재는 내공인이 지나치게 앞서가서 황당한 결과물을 내지 않도록 해주는 일종의 견제 장치다. 지루하지 않고 늘 새로운 관점의 결과물을 만들어낼 수 있는 내공인은 지속적으로 성공하게 될 것이다. 이런 점에서 고객은 내공인의 활동에 박진감을 제공한다. 새로운 관점에서 나오는 독특한 자기만의 스타일은 자기만족에 그치지 않고 고객과 자신 모두가 만족하는 관계를 만들어낸다. 물론 그 전에 고객을 놀라게 할 만한 자신의 스타일을 만들어내는 일이 무엇보다 우선되어야 한다.

4장

지식 공장을 세워라

전문가와 내공인은 모두 초보자와 중급자 수준을 거치는 과정에서 자신만의 독특한 공장을 두뇌 속에 건설하는 데 성공한 사람들이다. 그들이 두뇌 속에 만든 공장을 가리켜 '지식 공장' 혹은 '멘탈 프레임워크'라고 부른다. 이런 개념을 창의성 중심으로 체계화한 사람이 스탠 라이다. 그는 다양한 경험, 정보, 지식이라는 원재료를 이용해 '창의적인 아이디어'라는 상품을 만드는 공장이 두뇌에 만들어져 있다면서, 이를 '창의성 피라미드'라고 이름 붙였다.

나는 그동안 두뇌 속에서 원재료가 최종 완제품으로 바뀌게 될 때까지의 과정이 현실 세계의 공장과 비슷하리라고 추정했는데, 이를 설명하는 구체적 개념을 찾기 어려웠다. 그래서 스탠 라이가 지식 공장의 컨베이어 시스템을 통해 다양한 원재료가 조합된 결과물이 작품이라고 설명한 점이 인상적이었다. 그는 맨 밑의 정보 수집 단계에서부터 시작해 최종적으로 작품이란 결과물이 어떻게 만들어지는가를 '창의성 피라미드'라는 개념을 통해 체계적으로 설명하는 데 성공했다.

'지식 공장'을 수준별로 나눈다면 '명품 공장', '고가 공장', '중저가 공장', '싸구려 공장' 등으로 구분할 수 있다. 이 같은 구분은 고객이 지식 공장에서 만들어내는 상품에 대해 지불하는 가격이나 평가에 따라 공장의 이름을 달리 붙일 수 있음을 뜻한다. 내공인의 지식 공장을 '명품 공장'으로, 전문가의 지식 공장을 '고가 공장'으로, 그밖에 중급자와 초급자의 지식 공장을 각각 '중저가 공장'과 '싸구려 공장'에 비유할 수 있다.

예를 들어 전문가의 지식 공장을 생각해보자. 이때 전문가의 지식 공장에서는 그의 주력 상품을 생산한다. 전문가에게 주력 상품은 문제 해결력이거나 판단력일 수도 있고, 창조력일 수도 있다. 그 밖에 여러 가지 능력이 전문가가 이미 가진 능력에 하나하나 더해질 수 있다. 아무튼 작동 원리는 이렇다. 경험, 지식, 정보, 이론 등이 투입되어 자신만의 독특한 생산 과정을 거친 다음 부가가치를 낳는 특정 상품이나 서비스, 작품 등과 같은 산출물로 연결되는 것이다.

내 경험을 통해 설명하면, 내가 고객에게 제공하는 주력 상품은 책과 강연이다. 그런데 이 두 가지의 외관은 책이나 강연이지만, 상품의 본질을 따져보면 콘텐츠라고 할 수 있다. 그런 콘텐츠는

다른 전문가가 제공하는 '프로페셔널 서비스'와 마찬가지로 명품, 고가, 중저가, 싸구려 상품으로 나눌 수 있다. 물론 이런 4가지 분류도 그 우수함의 정도에 따라 더욱 세분화된다.

초보자와 중급자의 과정을 거치는 동안 두뇌에는 그런 상품을 생산할 수 있는 '지식 공장'이 만들어진다. 이런 지식 공장의 기초를 만드는 초기 작업은 박사 학위를 받는 과정, 특히 학위를 준비하는 과정에서 집중적으로 이루어진다. 그다음 직장생활 초기에 연구를 수행하고 글쓰기를 하면서 머릿속에 일정한 틀이 완성된다. 우리의 경우 입시 교육에 치중하기 때문에 학창 시절 제대로 글쓰기를 해본 적이 없다. 주로 어떤 사실이나 이론, 법칙을 얼마나 많이 알고 있느냐, 즉 외우고 있느냐에 교육의 초점이 맞춰져 있기 때문이다.

최근 논술 교육에 대한 높은 열기와 관심은 암기 위주의 교육에 대한 반성으로부터 나온 것이라고 생각한다. 그리고 이 같은 변화는 창조성에 대한 관심이며, 이 역시 두뇌의 지식 공장 구축과도 깊은 관련이 있다.

미국의 교육 과정을 보면 집중적인 글쓰기 작업이 중·고등학교 때부터 시작된다는 것을 알 수 있다. 박사 과정이나 직장생활을 하는 초기에 집중적으로 글쓰기를 경험한 나와 달리 미국인들은 학창 시절부터 에세이를 쓰기 시작해 상당한 수준까지 올라가 있었다. 그들은 중·고등학생 시절 1000~2000자 정도 되는 간단한 논문 형식의 리포트 등 에세이 쓰기 훈련을 한다. 대학교에 진학해서도 더 많은 분량의 에세이나 리포트 쓰기 훈련을 계속한다. 어떤 책을 읽으면 내용을 요약하는 것과 함께 콘텐츠에 대한 자신의 독창적인 의견을 덧붙여야 한다. 이런 과정에서 학생들은 자신만의 관점으로 사물이나 현상을 바라보게 되고, 결국 통념이나 상식에 휘둘리지 않는 비판적 사고를 통해 자신의 견해를 만들어낸다.

나는 다행히 학위 과정과 이후의 집중적인 글쓰기 과정을 거치면서 자신만의 지식 공장을 어느 정도 만들어내는 데 성공했다. 오늘날 다작을 할 수 있고 다양한 주제에 대해 큰 부담 없이 계속해서 작업을 할 수 있는 중요한 요인 가운데 하나가 이 '지식 공장'을 가지고 있기 때문이라는 생각이 든다. 이후의 작업이 쉽다고 말할 수 없지만 마치 공장에서 제품을 만들어내듯 자연스럽게 새로운 콘텐츠를 만드는 일이 가능해진 것이다.

이따금 각각의 분야에서 다양하고 풍부한 경험을 쌓은 전문가나 사업가가 나에게 책을 쓰는 방법에 대해 문의해온다. 그때 나는 그들의 머릿속에 책을 만들어내는 공장이 없다는 생각을 했다. 물론 그들은 자신만의 독특한 가치를 만들어내는 다른 역할의 지식 공장을 갖고 있다. 특히 자신의 분야에서 큰 성과를 거둔 사람의 머릿속에는 어김없이 자신의 분야와 관련해 프로페셔널 서비스를 만드는 공장이 존재한다는 점은 명확하다. 기업을 오랫동안 경영해온 사람이라면 기업 경영과 관련된 지식 공장을, 세일즈 업계에서 뛰어난 성과를 올리는 사람이라면 세일즈와 관련된 지식 공장을, 음악이나 미술 등 오랫동안 예술계에 종사해온 사람이라면 관련 분야의 지식 공장을 갖고 있을 것이다. 하지만 그들에게는 자신의 존재를 알리거나 자신의 생각을 정리하기 위해 필요한 글쓰기의 지식 공장이 존재하지 않는다. 그것은 집중적인 투자를 통해 이런 공장을 건설할 기회가 없었기 때문이다.

다양한 지식이 가졌다고 해서 지식 공장이 저절로 만들어지는 것은 아니다. 즉 풍부한 원료를 가졌다고 해서 공장에서 무조건 상품을 생산해낼 수 있는 것은 아니라는 얘기다. 두뇌 속에 지식 공장을 짓기 위해선 일정 기간에 걸친 집중적인 노력이 필요하다. 마치 제조업 공장이 수많은 시제품을 거치면서 품질 면에서 안정을 찾는 것처럼 제대로 된 지식 공장을 만들기 위해서는 반복적인 프로젝트의 수행 등 수련 기간이 필요하다.

예를 들어 어떤 사람이 한두 권의 책을 썼다고 해서 지식 공장이 만들어졌다고 할 수 없다. 그러나 어떤 분야의 전문가라면 자신의 생업에서 거의 매일 비슷한 유형의 문제를 갖고 오랜 기간 씨름해왔을 것이고, 이런 과정에서 자신만의 지식 공장을 만들 수 있었을 것이다. 마치 상류로부터 토사가 오랫동안 내려와서 하류에 쌓이고 쌓여 만들어지는 지형 변화와 같은 일이 두뇌에서 일어난 것이다.

이런 집중적인 노력을 통해 자신도 모르는 사이에 지식 공장이 만들어지는데, 일단 한번 만들어지고 나면 언제 어디서든 이를 이용할 수 있다. 마치 떡 방앗간의 떡 만드는 기계처럼 적절한 원료가 투입되면 곧바로 이에 걸맞는 상품이 만들어진다. 물론 얼마나 뛰어난 상품을 만들 수 있느냐의 여부가 명품 공장, 고가 공장, 중저가 공장 등으로 나뉘는 기준이 된다. 뛰어난 능력을 갖췄다는 기준은 자신이 아니라 고객이 결정할 문제다. 이렇게 만들어진 지식 공장은 한 인간에게는 계속적으로 부가가치를 낳는 바탕이자 성공에 이르는 토대가 된다.

그러나 지식 공장은 누구에게나 거저 주어지는 것이 아니다. 지식 공장은 한동안 헌신적인 노력을 기울였을 때만 만들어진다. 이런 공장은 한번 만들어지고 나면 그 상태에 머물지 않고 노력 여하에 따라 계속해서 상위 버전으로 발전하게 된다. 더욱 정교해진다는 말이다. 매일매일 자신의 공장에서는 확장 프로젝트가 진행되고 있는 것이다. 그래서 부지런하고 치열하게 사는 사람은 거의 평생 동안 자신의 공장을 확장하고 심화시킨다. 이런 점에서 두뇌에 만들어지는 지식 공장은 대단히 매력적이다.

나는 학위를 마치고 나서 공장의 확장 및 심화 프로젝트에 실패한 사람을 많이 만났다. 학위를 마친 상태에서는 지식 공장이 엉성한 형태를 띠게 된다. 그 후 지식 공장을 더욱 정교하게 다듬어 갈 수 있는가는 전적으로 개개인의 노력과 자질에 달려 있다. 한 가지 분명한 사실은 아무리 오랜 기간 일한다고 해도 체계화하려는 노력이 더해지지 않으면 공장 건설은 그 시점에서 멈춘다는 것이다.

가장 이상적인 조합은 경험과 이론, 집중적인 노력이 함께 더해질 때 이루어진다. 지식 공장을 최고 수준으로 만들어가는 프로젝트는 평생을 통해 이루어야 할 일이다. 내공인이 지치지 않고 계속해서 노력할 수 있는 이유는 지식 공장 건설에 있어 완성이라는 단어가 없기 때문이다. 많은 사람이 골프에 큰 매력을 느끼는 것은 정복할 수 없을 만큼 다양함이 존재하기 때문이다. 마찬가지로 내공인에게 지식 공장의 확장과 심화는 그 다양성으로 인해 무한히 지속할 수 있는 초대형 프로젝트임에 틀림없다.

5장

끊임없이 정교화하라

지식 공장에서 '완성'이란 단어는 없다. 초보자에서 전문가에 이르는 동안 지식 공장은 정교화의 과정을 거치게 된다. 앞에서 소개했던 스탠 라이의 개념을 머릿속에 떠올려보자. '창의성 피라미드'의 가장 아래 있는 지식 저장고를 채우기 위해서는 일상생활에서 끊임없이 정보와 지식을 두뇌에 입력하는 작업이 이뤄져야 한다. '창의성 피라미드'의 맨 밑바닥에 위치한 지식 저장고에 어떤 종류의 정보가 얼마나 자주 축적되는가 하는 것은 중요한 문제다. 반드시 특정 문제와 관련되지 않더라도 평소 꾸준하게 정보를 유입시키고, 언제든지 동원 가능한 정보의 축적이 원활하게 이뤄지도록 해야 한다.

이는 기본적으로 학습에 대한 열린 자세와 마음가짐으로 꾸준하게 자신의 분야 관련 정보를 축적해가려는 노력이 필요하다는 뜻이다. 동시에 생활 전반에서 자신의 분야를 중심으로 접근하고 연구하는 태도도 필요하다. 내공인은 전혀 관련이 없는 것처럼 보이는 분야에서도 자신의 고민거리에 대한 해결의 실마리를 찾거나 자신의 분야와 관련된 새로운 아이디어나 기회를 잡아낸다. 이때 그들의 머릿속에서는 관련 없는 정보를 조합하려는 노력이 이루어지는데, 이 과정이 모두 지식 공장을 더욱 정교하게 만드는 데 기여한다.

바이올린 제작에서 큰 획을 그은 진창현 씨의 자서전을 보면 길가의 들꽃을 보며 자신의 분야와 연관관계를 찾아내는 사례가 등장한다. 내공인에게 이런 사례는 빈번하다. "모든 길은 로마로 통한다"는 말이 그들에게는 "모든 것은 자신의 일로 통한다"라고 들리는지도 모르겠다. 이처럼 내공인은 자신의 분야와 아무런 관련이 없는 것처럼 보이는 것에서도 특정 정보와 지식을 가져와 자신의 문제 해결에 자주 이용한다. 일단 이런 경험을 하고 나면 내공인은 세상에서 어떤 종류의 경험도 절대 버릴 것이 없다는 사실을 깨우치게 된다.

우리는 이런 예를 보면서 내공인은 언제 어디서 무슨 경험을 하고 어떤 정보를 접하든지 간에 자신의 일과 관련된 연결고리를 찾고, 새로운 조합을 통해 참신한 아이디어를 만든다는 사실을 새삼 깨닫게 된다. 그리고 내공인은 정보를 입력하고 활용을 반복하는 과정에 예리함과 정교함을 더한다. 정보에 대해 예민한 촉수를 가졌을 뿐 아니라 이를 활용하는 데 발군의 실력을 가진 사람이야말로 내공인인 것이다. 그런데 이들이 처음부터 그랬던 것은 아니다. 이는 자신의 지식 공장을 지속적으로 정교하게 다듬어온 결과다.

내공인의 경지에 도달하면 어떤 조건에서도 필요한 정보를 골라내야 하기 때문에 아주 섬세한 방법으로 정보를 다루게 된다. 처음에는 의무감으로 인해 생긴 습관이지만 한두 번의 경험이 축적되면서 그런 행위 자체를 즐기는 경지에 도달한다. 섬세한 터치로 그림을 그리는 전문 화가처럼 내공인은 정보를 인식하고 이를 받아들이는 과정에서 미의식을 갖게 된다.

기존의 정보와 지식을 조합해 새로운 문제 해결책을 만들거나, 고도의 정밀한 판단을 내리거나, 창조성을 발휘해 새로운 아이디어를 만들어내는 과정은 모두 지식 공장에서 담당한다. 이런 지식 공장은 스탠 라이가 말한 '창의성 피라미드'로 설명할 수 있다. 그렇다면 지식 공장을 더욱 정교하게 만드는 방법은 무엇일까?

우리는 두뇌 속에서 특정 기능의 정교화가 어떻게 이루어지는지에 대한 과학적 증거는 아직 불충분하다. 그러나 근육을 키우는 과정을 생각해보면 지식과 관련된 능력도 이와 비슷한 과정을 거치는 것으로 추정해볼 수 있다. 그래서 지식 공장을 정교하게 만드는 첫 걸음은 뭐니 뭐니 해도 '훈련, 훈련, 또 훈련'이다. 속담은 경험을 통해 정제된 삶의 지혜인 만큼 다양한 진실을 포함하고 있다. "연습은 완벽함을 만든다"와 같은 속담은 시공간을 넘어 큰 교훈을 준다. 연습을 통해 근육을 키우는 것처럼 꾸준한 연습이 지식 공장을 정교하게 만드는 데 크게 기여한다.

그런데 이런 연습 과정에서 노력이 지나치게 분산되면 그 효과는 보장할 수 없다. 예를 들어 근육은 근력 운동을 임계치 이상의 무게로 일정 횟수 이상을 반복할 때 발달한다. 이를 두고 "근육이 찢어질 때 비로소 근육이 성장한다"고 말한다. 지식 공장도 마찬가지다. 그저 꾸준히 연습하는 것만으로 충분하지 않다. 일정 시간 임계치를 넘어설 정도로 집중적인 훈련을 할 때 비로소 지식 공장도 확장된다. 그래서 느슨한 태도로 업무를 수행하는 것은 실제로 지식 공장을 정교화하는 데 큰 도움이 되지 않는다.

그런데 지식 공장의 또 하나의 특징은 스치듯 지나가는 어떤 종류의 노력이나 경험은 아무런 흔적도 남기지 못한다는 점이다. 지식 공장의 정교화는 각인의 정도와 깊은 관련이 있다. 특정 업무와 관련해 각인된 경험은 오랫동안 흔적을 남긴다. 지식 공장은 이런 과정을 통해 낡은 것은 버리고 새로운 것을 채워넣으며 정교화된다.

몰입해서 어떤 경험을 한다는 것은 정말 중요하다. 그리고 그와 같은 경험이 자신에게 어떤 의미를 주는지 깊이 새겨보는 것도 중요하다. 수동적으로 마지못해 하는 경험보다 재미와 흥미를 갖고 하는 경험이 효과적이다. 투입 시간과 밀도는 지식 공장의 정교화에 깊은 관련이 있다. 물론 두뇌의 특정 영역과 관련되어 본래 타고난 뇌의 구조나 회로망의 의미도 무시할 수 없다. 재능을 타고난 사람은 특정 영역이 고도로 발달한 유전적 특성을 가지고 있는 데, 자기 자신의 직업을 그 재능 위에 구축할 수 있다면 이는 대단한 행운이자 성공으로 가는 지름길이다. 타고난 재능이 저마다 다르기 때문에 그에 꼭 들어맞는 영역의 일을 선택한다면 내공인의 경지에 도달하게 될 가능성은 더욱 높아진다.

6장

자기 자신에 대해 배워라

우리는 늘 배우면서 성장한다. 지식 공장을 발전시켜 나가는 것도 성장의 한 모습이다. 지식 공장의 구조와 작동 원리를 제대로 이해하는 것은 매우 중요한 작업이다. 언제 지식 공장의 효율성이 높아지고 낮아지는가를 제대로 이해해야 한다. 이런 면에서 전문가나 내공인은 지식 공장에 대한 기존의 이론이나 다양한 가설에 관심을 가질 필요가 있다. 또한 각 분야에서 자신의 지식 공장을 최고의 상태로 끌어올리는 데 성공한 사람의 사례를 관심 있게 지켜보고 그들의 조언을 받아들이는 일도 필요하다.

그러나 지식 공장에 대한 포괄적인 지식을 전달하는 전문서적을 만나기는 힘들다. 이런 점에서 스탠 라이의 책은 인상적인 자료 가운데 하나다. 이처럼 전체를 다룬 내용을 만나기 힘들다면 우리는 부분적으로 접근해가는 방법을 사용해야 한다. 두뇌의 작동 방식에 대해 부분적으로나마 도움을 받을 수 있는 글을 읽는다면 지식 공장의 작동 방식에 대한 이해도 높일 수 있다. 오늘날 두뇌에 대한 연구가 활발히 진행되고 있지만 아직은 가야 할 길이 멀기만 하다.

두뇌는 각각의 기능이 영역별로 나누어져 있다기보다는 여러 영역이 복합적으로 작용하여 특정 기능을 수행한다고 알려져 있다. 그래서 우리가 흔히 생각하듯 갑이란 방의 A 기능, 을이란 방의 B 기능 등으로 표현하는 영역별 분류법은 올바르지 않다.

지식 공장 내부 영역의 기능에 대한 이해도 중요하지만, 이들 기능이 통합된 구조가 어떻게 생겼는지를 이해하는 것도 중요하다. 두뇌의 전반적인 구조와 부분에 대한 이해의 폭과 깊이를 더해갈 수 있다면 자기 두뇌의 작동 원리에 대해 더 깊이 이해하게 되고 이를 통해 지식 공장의 효율성을 끌어올릴 수 있다.

구조에 대한 충분한 이해가 이루어지면 구조 내부에 작동을 방해하는 요인을 체계적으로 제거해나가면 된다. 지식 공장의 작동을 방해하는 것들 중 선입견과 고정관념이 차지하는 비중이 크다. 선입견과 고정관념으로 두뇌의 작동을 바라보면 새롭게 배워야 할 부분이 별로 없다. 과거의 방식을 바탕에 두면서도 새로운 관점을 만들지 않으면 이는 기계적인 반복과 다르지 않다. 지식 공장의 새로운 영역의 확장이나 기존 영역의 심화 작업 또한 절대 이루어지지 않는다. 기존의 것을 답습하는 것은 지식 공장의 확장에 아무 도움도 주지 못한다. 이때 우리가 관심을 가져야 할 것은 이런 방해 요소를 제거하기 위해 무엇을 할 것인가 하는 점이다. 이를 위해서는 고정관념이나 선입견을 극복한 사례에 대해 전문가의 조언을 들어볼 필요가 있다.

예를 들어 문제를 그냥 받아들이는 것이 아니라 꼭 한 번은 뒤집어보는 습관을 들이는 것도 좋은 방법이다. 관습적으로 받아들이는 것도 한 번 정도 뒤집어보도록 자신에게 주문을 건다. 그렇게 되짚어보는 새로운 습관을 갖게 된다면 지식 공장은 현재보다 더 나은 상태로 작동하게 될 것이다.

지식 공장의 하드웨어를 바꾸는 작업도 필요하지만, 또 다른 측면에서는 지식 공장의 운영 체계를 개선하려는 노력도 병행해야 한다. 그것은 두뇌가 어떤 환경에서 최적의 상태로 작동되는가에 관심을 갖고, 그런 환경이 조성되도록 노력하는 일이다. 이때 자신의 경험이나 감각에 의존할 수도 있지만 다른 사람의 경험이나 전문가의 연구 결과를 참조할 수도 있다. 두뇌 작동의 최적 조건에 대한 정보나 지식을 배워 이를 자신의 것으로 만드는 적극적인 노력이 필요하다.

뇌는 항상 최적의 환경을 유지할 수 없다. 뇌는 특정 환경에서 특정 시간대에 집중적으로 자신의 능력을 드러낸다. 그렇다면 뇌가 활발히 활동하는 적절한 장소와 시기를 알아내어 지식 공장을 효율적으로 운용할 수 있다. 내공인은 늘 자기 성찰을 게을리하지 않기 때문에 자신의 지식 공장이 언제 최적의 상태에서 작동하는

지 이미 알고 있다. 그러므로 그들은 스스로 최적 상태를 유지하기 위해 최선을 다한다.

배우는 데 익숙한 내공인은 지식 공장의 작동 방식에 대해 깊은 관심을 가지고 개선하기 위해 노력한다. 이들은 지식 공장의 작동 방식을 제대로 이해하기를 바란다. 이 과정에서 자신의 지식에만 의존하지 않는다. 그들이 다른 사람이 쌓은 과학적 지식을 활용하려는 강한 욕구를 느끼는 것은 당연한 일이다. 새로운 지식이 갑자기 나타나는 게 아니라 대부분의 경우 기존의 지식을 활용해 업그레이드된 것이란 사실을 그들은 잘 알고 있다. 그들은 어떤 분야에서든 학습에 대해 열린 마음을 갖는 것이 성장의 필수 요소라고 생각한다. 또한 내공인은 자신이 지식 공장 분야에서 일가견을 가진 사람이 아니라는 사실을 잘 알고 있어서 그 분야에 대해 전문적으로 연구해온 사람의 연구 결과물을 적극 활용하기도 한다.

그런데 전문가나 내공인의 경우 대부분 나름대로 업무 효과를 극대화하기 위한 자신만의 습관을 가지고 있다. 자신의 업무 효율성을 최고로 발휘할 수 있는 습관을 가졌다는 말이다. 이런 습관은 지식 공장에 대한 관찰과 주변 지식을 적용한 결과라고 본다. 특히 내공인의 경우 그들만의 독특한 생활·업무 습관을 통해 계속해서 좋은 성과를 창출한다. 고도의 생산성과 창조성은 그런 습관의 결과물로 이 또한 지식 공장에 대한 이해에서 비롯된다.

각각의 학습 방법을 제대로 사용하는 것도 지식 공장을 최고 수준으로 끌어올리는 데 도움이 된다. 판단력을 키우는 문제에 대해 생각해보자. '내가 판단력을 끌어올리기 위해 무엇을 해야 하는가?'라는 질문을 자신에게 던져보는 것이다. 이런 질문에 대한 답을 기존의 전문가한테서 구할 수도 있다. 전문가는 자신의 경험이나 연구 결과에 바탕을 두고 여러 방법을 사용함으로써 판단력을 키울 수 있다고 조언한다. 방법이란 책이 될 수도 있고, 다른 사람의 경험담, 때로는 뛰어난 인물을 지켜보는 일일 수도 있다. 우리는 이런 지식을 이해하는 수준에 그쳐선 안 된다. 이를 제대로 체계화시켜 반복적인 실행을 통해 자신의 것으로 만들어내야만 지식 공장의 특정 영역에서 큰 변화를 꾀할 수 있다.

이런 방법이 판단력 향상에만 도움이 되는 것은 아니다. 만일 창의적 발상에 문제가 있다고 생각한다면 위와 같은 방법을 사용해봐도 좋을 것이다. 질문을 던지고, 전문가로부터 들은 귀한 조언을 체계적으로 정리하는 것이다. 여기서 체계적인 정리란 다른 사람의 방법 가운데 자신에게 꼭 맞는 부분만 취사선택하는 것을 말한다. 버릴 것은 버리고 취할 것만 취하면 된다. 특정인으로부터 모든 것을 받아들일 수는 없다. 최고의 것만을 선별해 자신의 것으로 만들어가는 일련의 과정을 거쳐야 한다. 내공인이라면 더 이상 배울 필요가 없는 경지에 도달했다고 생각할 수도 있다. 그러나 나는 그런 경지에는 영원히 도달할 수 없다고 생각한다. 그런 생각을 가진 순간부터 내공인은 쇠락의 길을 걷게 될지도 모른다. 늘 말랑말랑하게 변화할 수 있는 가능성을 활짝 열어 두고, 늘 변화할 수 있다는 사실을 끊임없이 자신에게 일러주어야 한다.

이처럼 다른 사람을 통해 배우면서 지식 공장을 정교화해나가는 과정에 초점을 맞추게 되면, 그 일 자체를 즐겁고 유쾌하게 생각할 뿐 아니라 도를 닦는 정진의 과정으로 받아들이게 된다. 이런 경지에 도달한 내공인에게 이 과정은 고통의 연속이 아니라 새로운 것을 배워나가는 가슴 떨림의 시간이다.

누구든지 도달하기 힘든 경지이지만 일단 이 단계에 도달하면 스스로 지식 공장의 고도화 작업에 일가견을 가지게 된다. 어쩌면 자신의 경험을 주변 사람에게 하나의 모범 사례로 제시할 수 있을지도 모른다. 내공인을 대단하다고 여기는 이유 중 하나는 한 분야에서 득도한 사람이 인접 분야에서도 득도할 수 있기 때문이다. 한 분야에서 일가견을 가졌다면 인접 분야에서도 일가견을 가질 수 있다.

제**5**부

내공으로 성공의 페달을 밟다

지속적으로 개선하고 혁신을 이루면서 우수한 성과를 내기란 무척 어려운 일이다. 그런데 내공인은 일정한 시간 간격을 두고 신화라고 부를 정도의 멋진 결과물을 내놓는다. 내공인은 늘 새로운 것을 만들어내야 하므로 활화산과 같은 역동성을 내면에 지니고 있다. 그들은 자신이 추구하는 모든 것을 즐기는 대상으로 삼지 않으면 결코 그와 같은 경지에 도달할 수 없는 사실을 알고 있다. 즐긴다는 것은 강제나 강요가 아니라 스스로 선택하는 것이다. 자신이 직접 선택했기 때문에 전력투구할 수 있는 것이다. 일단 즐기는 대상이 되면 새로운 성과를 계속 만들어낼 가능성이 한층 높아진다.

1장
계속해서 성과로 말하라

"성과로 말하라!" 다른 사람의 갈채는 그냥 받을 수 있는 것이 아니다. 그들의 기대를 충족시킬 때 인정과 존경 등의 성과가 주어진다. 요컨대 탁월한 성과를 창출해 고객이나 대중을 확실히 감동시킬 수 있을 때만 인정을 받게 된다. 그러나 탁월한 성과를 한번에 쏟아낼 수는 없다. 전문가로 진입하는 데 성공하는 사람은 초보자와 중급자 과정을 거치면서 꾸준하게 자신의 상품을 내놓는다. 그것은 개인적인 업적일 수도 있고, 다른 사람과의 협업을 통해 이루어지는 공동 업적일 수도 있다. 자신의 이름이 드러나는 경우도 있고 그렇지 않은 경우도 있다. 이름이 드러나든 드러나지 않든지 간에 그 작업을 수행하는 과정에서 축적된 노하우 성격의 지식은 아무도 가져갈 수 없으므로 그들은 주변 환경이나 분위기,

결과에 좌우되지 않고 계속해서 성과물을 내놓는다.

그런데 일정한 시간이 지나고 나면 이런 성과물의 질은 눈부실 정도로 좋아진다. 전문가는 이렇듯 자신의 능력을 저축하듯 하나하나 쌓아온 사람이다. 그래서 어느 분야에서든 부지런히 무언가를 도모하는 성향을 갖고 있지 않다면 전문가의 경지에 도달하기 힘들다. 재기와 순발력이 있는 것만으로 꾸준한 성과를 내기 힘들다는 말이다.

전문가의 성과 만들기는 자전거 페달을 밟는 일과 비슷하다. 계속 페달을 밟지 않는 사람은 언제라도 넘어질 수 있다. 이런 점에서 누구도 예외가 될 수 없다.

그만큼 지속적으로 개선하고 혁신을 이루면서 우수한 성과를 내기란 무척 어려운 일이다. 특히 전문가의 경우 한 분야에서 오랫동안 자신의 길을 걸어왔으므로 그들은 기존의 방법이나 틀에 이미 익숙해져 있다. 그러다 보니 자신의 틀이나 방법을 좀처럼 벗어나지 않으려는 고집이나 관성을 갖게 된다. 그래서 전문가 가운데 시간이 흐르면서 처음의 뛰어난 성과를 유지하지 못하는 사람이 많이 생긴다.

전문가는 스스로를 쇄신하거나 혁신할 수 있어야 한다. 그러나 이는 그냥 이루어지는 일이 아니다. 부단히 자신의 이루어온 것을 체계적으로 파괴하거나 부정할 수 있어야 하고, 처음 시작할 때의 마음가짐이나 자세를 잃지 않을 때만 가능한 일이다.

내공인 역시 전문가에게 요구되는 조건을 모두 갖추어야 한다.

하지만 내공인은 자신이 만들어온 틀을 끊임없이 깨는 데 익숙하다. 내공인이라고 해서 늘 성공을 거두는 것은 아니지만, 일정한 시간 간격을 두고 신화라고 부를 정도의 멋진 결과물을 내놓는다.

전문가는 어떤 성과를 만들어내기 위한 노력을 강한 의무감으로 느끼는 사람이다. 반면에 내공인은 의무감이 마음 한 쪽에 차지하고는 있지만, 이를 훨씬 뛰어넘는 경지에 도달한 사람이다. 다시 말하면 자신이 하고 있는 일에 대한 의미 부여에 성공한 사람이고, 다른 사람이 가지 않은 새로운 길을 개척해나가는 것에 사명감을 가지고 결국 그 일을 성공시키는 사람이다. 대부분의 예술 세계가 그렇듯 도달할 수 없는 한계치는 거의 존재하지 않는다. 노력하면 할수록 도달해야 할 목표치는 더욱 높아지기 마련이다. 결과적으로 내공인의 삶은 목표를 향해 끊임없이 한걸음 한걸음 전진해가는 일련의 여행길이라고 할 수 있다.

최고의 성과를 올리는 일도 어렵지만 내공인은 전문가와 달리 독특한 경지를 만들어내야 한다. 어느 누구도 생각해낼 수 없는 새로움의 세계를 창조해야 한다. 이 때문에 전문가 중에서 정말 소수만이 내공인의 경지에 도달하게 되는 것이다. 내공인은 성과 창출 면에서 자신만의 독특한 방법과 믿음, 신념을 가져야 한다. 누구나 노력만 하면 복사할 수 있는 방법으로는 완전히 새로운 세계를 개척해나갈 수 없다.

전문가와 내공인 모두 성과를 만들어내지 못하면 잊히고 만다. 그러므로 그들은 끊임없이 자신의 존재를 입증해야 한다는 무거운 책무를 안고 살아갈 수밖에 없다. 전문가와 내공인은 일상의 모든 것이 자신이 추구하는 일과 직접 혹은 간접 연결되어 있다. 만약 연결되어 있지 않다면 자신이 원하는 그런 성과를 만들어낼 수 없다.

이따금 우리는 깜짝 놀랄 만한 성과를 만들어낸 후 오랜 시간 잊혀진 채 살아가는 전문가를 보게 된다. 당신은 왜 존재한다고 생각하는가? 전문가와 내공인이라면 그런 본질적인 질문에 대해 자신의 생각을 설명할 수 있어야 한다. 그들은 잠시 동안의 명성을 얻기 위해 살아가지 않는다. 한때 뛰어났던 것으로 끝나지 않고 계속 자신의 존재를 내외에 알리기 위해 실험을 지속해간다. 오랜 기간에 걸쳐 신화에 가까운 성과물로 자신을 입증할 때만 내공인의 자리가 보장되기 때문이다. 한마디로 전문가와 내공인의 존재 이유는 성과라고 할 수 있다. 다시 한 번 '성과'로 말할 수 있어야 한다는 사실을 강조하고 싶다.

새로운 도전과 실험을 그만 두는 순간 전문가와 내공인은 스스로 그 자리를 포기해야 한다. 과거에 이룬 것에 의지해 나머지 시간을 적당히 살아가려고 한다면 자신이 이룬 업적의 빛을 바래게 만드는 것이다. 그런 면에서 전문가와 내공인은 끊임없이 도전하는 삶을 살아야 한다. 그러나 명성과 부를 얻은 사람이 처음 시작하던 때의 마음가짐을 유지하면서 계속 노력한다는 건 분명 어려운 일이다. 전문가가 자신의 자리를 계속 유지하기 힘든 이유가 바로 이것이다.

내공인도 마찬가지다. 그러나 내공인의 경우에는 자신이 추구하는 일에서 미적 감각을 지닌 사람이므로 외부의 평판이나 분위기에서 크게 휘둘리지 않는다. 그는 자신과의 경쟁에 익숙할 뿐 아니라 누가 뭐라고 하든지 자신이 추구하는 완전함과 새로움의 세계를 향해 노력하는 자체가 중요하므로 전문가에 비해 외부적인 평가에 자유로운 것이다. 내공인은 큰 보상이 주어지지 않아도 자신과의 치열한 경쟁을 통해 더 높은 세계를 향해 나아가는 존재다. 이런 점에서 전문가는 내공인의 경쟁 상대가 될 수 없다.

내공인은 늘 새로운 것을 만들어내야 하므로 활화산과 같은 역동성을 내면에 지니고 있다. 그들은 자신이 추구하는 모든 것을 즐기는 대상으로 삼는다. 즐긴다는 것은 강제나 강요가 아니라 스스로 선택하는 것이다. 자신이 직접 선택했기 때문에 전력투구할 수 있는 것이다. 일단 즐기는 대상이 되면 새로운 성과를 계속 만들어낼 가능성이 한층 높아진다.

2장
생산 과정을 체계화하라

모든 공장은 정교한 공정 관리가 필요하다. 이런 점에서 전문가도 예외는 아니다. 전문가 역시 자신의 상품이 주변 환경이나 자신의 마음 상태에 따라 들쭉날쭉하지 않고 늘 균일한 품질을 유지하도록 노력한다. 그러므로 대부분의 전문가는 초급자에서 시작해 자기 나름의 생산 과정을 체계화하는 데 성공한 사람이다. 완벽할 수는 없지만 아이디어를 포착하는 방법, 문제를 해결하는 방법, 창의적 발상을 하는 방법, 몸의 컨디션을 최상으로 유지하는 방법, 의욕을 북돋는 방법, 다른 사람의 호감을 사는 방법 등 자신의 직업적 성공과 직간접으로 연결된 모든 부분을 프로세스로 간주하고, 그 프로세스를 체계적으로 만들어 큰 성과를 올리는 데 성공한 사람이다.

물론 전문가 가운데도 이를 각각의 프로세스로 여기고, 이를 개선하기 위해 노력하는 사람은 그리 많지 않다. 그러나 대부분 '프로세스'라는 개념에 익숙하지 않더라도 자신의 생산 프로세스를 더 나은 상태로 만들기 위해 노력하고 있다는 사실만은 틀림없다. 이런 프로세스는 전문가가 된 후 만들어졌다기보다 이런 노력을 기울여왔기 때문에 전문가의 위치에 서게 되었다고 보는 것이 더 정확하다.

내공인은 전문가에 비해 생산 프로세스의 체계화 작업에서도 큰 업적을 남긴다. 다시 말하면 내공인은 생산 프로세스 자체를 파악하는 정도가 아니라 정밀하게 관찰하고 나서 최고의 결과를 만들기 위해 체계적인 노력을 기울인다. 내공인은 최고 상태의 결과물을 위해 프로세스의 문제점을 정확히 파악해야 하므로 자신의 문제점 또한 정확하게 인식하고 있다. 이들은 기업의 구성원이 프로세스 혁신을 위해 노력하는 것과 비슷한 행동과 사고방식을 보여준다.

전문가의 경지에 도달한 사람 대부분은 생산 프로세스를 체계화하는 일에 관심을 갖고 있다. 하지만 전문가 모두가 내공인의 경지에 도달하지 못하는 것은 개인의 마음가짐 때문이다. 어느 정도 성과를 거둔 사람이 자기 자신의 부족한 점을 인정하면서, 이것을 채우기 위해 타인의 방법을 연구하고 배움에 대해 열린 자세를 유지하기란 쉽지 않은 것이다.

사람은 본래 성취에 대해 스스로를 높게 평가하는 경향이 강하다. 그래서 자신의 약점이나 단점을 쉽게 인정하지 못한다. 특히 전문가의 수준에 이르게 되면 주변 사람으로부터 "잘한다", "대단하다" 등 우호적인 평가가 쏟아진다. 그것은 그저 덕담에 가까운 이례적인 인사일 수도 있다. 하지만 이를 받아들이는 전문가는 그것을 과대 해석하고 싶어 한다. 그 때문에 전문가의 반열에 오르고 오랜 시간이 지났어도 자신의 문제점이 무엇인지 정확히 모르는 사람도 많다. 설령 알고 있어도 이를 기꺼이 받아들이는 것은 또 다른 문제다.

곤란함은 여기서 그치지 않는다. 문제를 인식하고 행동으로 옮기기 위해서는 과거에 이룬 자신의 성취를 부정할 수 있어야 한다. 그런데 전문가에게는 이것이 쉽지 않다. 자신에게 익숙한 방법이나 관행, 습관 등을 버리고 새로운 것을 받아들이기 위해서는 연습이 필요하다. '내가 최고다'라는 자부심은 긍정적인 영향을 끼치기도 하지만 자만심으로 변질되면 새로운 것을 받아들이는 데 심리적 장애물로 작용한다.

그래서 전문가와 내공인은 생산 과정의 완성도 면에서도 큰 격차를 보인다. 내공인은 완벽함이나 완전함이라는 목표를 갖고 있기 때문에 자신이 가진 방법 자체를 끊임없이 수정해야 한다는 사실을 당연하게 여긴다. 앞에서도 지적한 것처럼 그들은 생산 과정 자체에서 미의식을 느끼므로 약간의 미흡함도 그냥 넘기지 못한다.

미의식은 정교함과 예리함, 상상할 수 없을 정도의 완전성을 그 특징으로 한다. 내공인은 예술가가 작품 세계에 몰입하여 들어가 듯 자신의 일에 몰두하며, 최고가 되기 위해 배워야 할 일, 고쳐야 할 일, 개선해야 할 일, 혁신해야 할 일을 가슴에 새긴다.

처음에는 내공인도 자신의 존재를 성과로 입증해야 한다는 과중한 의무감에 시달린다. 하지만 일정 수준 이상에 도달하면 각각의 프로세스에 대해 학습하고 이를 통해 성과가 높아지는 행위 자체에서 즐거움과 유쾌함을 느낀다. 이런 재미는 눈 위에서 눈덩이가 구르는 것처럼 계속 커지게 되고, 이런 과정이 반복되면서 제2의 천성으로 자리 잡게 된다. 이 경지에 오르면 그냥 일을 하는 것과 배우는 것, 살아가는 것이 모두 하나로 합쳐진다. 경지에 도달한다는 의미는 이런 상태를 말한다.

그냥 일을 잘하는 정도가 아니라 일을 통해 자신을 표현하며 입증하기도 하고 즐거움을 만끽하는 상태에 도달하는 것이다. 그러다 보면 자신이 도달할 수 있는 최고치에 대한 기대 수준이 높아지는 동시에 그런 기대치를 넘어서는 데 대해 심리적 한계를 느끼지 않는다. 다른 사람이 불가능하다거나 예상하지 못한 정도의 큰 성과를 올린다는 것은 이 같은 심리적 한계를 벗어났다는 말이다.

이 과정에서 내공인의 생산 과정은 놀랄 정도의 수준에 도달하게 되고, 내공인 가운데 다른 사람에게 도움을 주려고 하거나 더 높은 명성을 구하는 일부는 자신만의 독특한 생산 과정의 노하우를 체계화하기 시작한다. 이런 사람은 자신의 분야에서 전문 작가 못지않은 베스트셀러 작가가 될 수 있다. 내공인의 휴먼 스토리와 자신의 노하우를 담은 책이 인기를 끄는 것은 일반 독자가 내공인의 이야기에 관심이 많기도 하지만 그들의 생산 과정에 대해 궁금해하기 때문이다. 이들은 때때로 자신의 분야에서 거둬들인 성과뿐 아니라 자신의 방법을 설명하거나 강연하는 것으로도 큰 명성을 얻기도 한다.

대부분의 내공인은 영원한 현역으로 활동하기도 하지만, 때때로 자신이 터득한 방법을 다른 사람에게 알려주기 위해 또 다른 삶을 개척하기도 한다. 인기 강사로 다른 차원의 삶을 개척하는 경우도 있다. 주변에는 산악인으로서, 복서로서, 창업자로서, 현장의 명장으로서 본업 이외에 다른 경지를 개척하는 데 성공한 사람도 있다. 한 분야에서 탁월한 성과를 만들어냈다는 것은 일반인의 관심을 끌 만큼 대단한 일이기 때문이다.

3장
끊임없이 정진하라

전문가의 위치에 도달해 주변 사람들로부터 인정을 받는다는 것은 그만큼 관심과 주목을 받게 된다는 뜻이다. 당연히 분야 이외에 시간과 에너지를 써야 하는 일이 늘어나게 된다. 그 일을 하기 위해서는 종합적인 경쟁력이 필요하기 때문이다. 업무 분야에서의 경쟁력뿐 아니라 생활이나 인격 등 대부분 분야에서도 말이다. 어느 정도 명성을 얻은 다음에 더 이상 나아가지 못하고 무대에서 내려오는 사람을 심심찮게 보게 된다. 이는 주목을 받으면서 성과 창출과 그 밖의 일 사이에 균형을 유지하는 능력을 잃어버렸기 때문이다.

일단 전문가의 위치에 다가서면 그다음부터는 자신의 삶을 경영하는 능력이 중요해진다. 자신의 업무와 기타 업무 사이에 적절한 균형을 유지하는 일이 그만큼 중요하다. 내공인은 전문가에 비해 종합적인 경쟁력 면에서 확실히 앞서간다. 내공인이 지속적으로 성공하는 비결을 단순히 일을 잘하는 것만으로 볼 수 없다. 그들의 지속적인 성공은 자기 자신과 생활을 관리하는 능력, 자신의 인격을 연마하는 능력 등에 크게 좌우된다. 단순한 인기 관리 차원이 아니라 자신의 품격, 품위, 개인적인 장기 성장을 위해 자신을 관리하는 일에 큰 비중을 두어야 하는 것이다. 그러다 보니 내공인은 신앙인이 아닐지라도 종교생활을 하는 사람과 비슷한 삶의 패턴을 가지게 될 가능성이 높다.

내공인의 삶 중심에는 '정진', '성찰'이라는 단어가 자리 잡고 있다. 그는 바깥세상과 적절한 관계를 맺지만 그 분위기나 유행이 자신의 삶을 압도하지 않도록 스스로를 보호하는 데 익숙하다. 또한 내면세계와 외면세계 사이에 적절한 균형이 유지되도록 무게중심을 잡는 데도 뛰어나다. 내공인은 두 세계 사이에서 적절한 균형을 이룰 때 오랜 기간 경쟁력을 유지할 수 있고, 쉽게 지치지 않으면서 자신의 페이스를 유지할 수 있다는 사실을 잘 알고 있다.

그런데 이런 균형을 유지하려면 인격을 고양시키는 일이 중요하다. 물질의 중요성이 커지는 시대지만 물질에 지나치게 의미를 부여한다면 내공인의 경지에 도달할 수 없다. 전문가의 경지에 도달하기까지 물질적 성취가 큰 요인을 차지하는 것은 사실이지만, 이를 넘어서 내공인의 경지에 도달하려면 물질 그 이상의 알파가 없으면 불가능하다.

전문가의 경지에 오르고 나서 지나치게 물질적인 부분에 치우친다면 중간에 낙오되기 쉽다. 물질을 얻기 위해 무리수를 두는 경우가 발생할 수 있기 때문이다. 전문가나 내공인 모두 더 좋은 성과를 거두기를 소망하지만, 그 밑바탕에는 개인적인 욕망이 자리하고 있다. 물질이 욕망의 많은 부분을 차지하고 있다면 매사를 자기중심적으로 바라보게 된다. 결국 무리하게 작품을 내놓게 될 뿐 아니라 오랫동안 어렵게 쌓아온 이미지에도 큰 타격을 줄 수 있다. 아무리 욕망을 숨기려고 해도 결과물에서 그런 욕망은 드러나게 된다. 물질적인 욕망에 압도당할 때의 위험을 경계하지 않는다면 전문가를 넘어설 수 없다.

장기간에 걸쳐 좋은 성과를 내고 자신을 관리하는 데 성공한 내공인은 인격적인 면의 수양에도 큰 수확을 거둘 뿐 아니라 삶의 철학도 확고해진다. 그들은 자신을 그런 경지까지 끌어올리는 과정에서 인격과 철학의 중요성을 체득하게 된다. 그런 부분을 갈고 닦는 노력이 없다면 내공인의 경지에 도달할 수 없을지 모른다. 모든 분야의 진리는 통하게 되어 있다. 자신이 하는 일을 완벽함의 경지까지 끌어올리는 일은 스스로를 가다듬는 노력이 병행되어야 가능하다. 이런 점에서 자신을 다스리는 데 성공한 사람만이 명성과 성과, 이미지 등을 무리없이 관리할 수 있다.

그러나 진정한 의미에서 내공인은 성과만으로 도달하기 힘들다. 그래서 한 분야에서 일가견을 이룬 사람은 자신만의 독특한 관점으로 자신과 세상을 바라보는데, 이때 관대함과 아량으로 주변을 보는 사람도 있고 편협한 시선을 가진 사람도 있다. 이는 사람의 성향에 따라 큰 격차를 보인다.

넓은 아량으로 주변의 사물과 사람을 받아들일 수 있어야 '이상적인' 내공인이라고 말할 수 있을 것이다. 이런 점에서 일부 독자가 생각하는 일만 잘하는 괴팍스러운 인물과는 거리가 멀다고 할 수 있다. 여기서 내가 '이상적인'이라는 단어를 썼다는 사실에 주목할 필요가 있다. 모든 내공인이 그렇다는 이야기가 아니다. 예술계에서 걸출한 성과를 낸 내공인 가운데 괴팍스러운 면을 가진 사람도 있다.

그러나 부담스러울 정도의 큰 업적을 남긴 사람이라도 막상 만나 보면 의외로 소탈한 사람이 많다. 친근감과 포용력을 가진 사람도 있다. 이들은 단순히 성과만 이루는 데 심혈을 기울인 것이 아니라 성과를 만들어가는 과정에서 자신을 수련의 대상으로 삼은 것이다. 이들은 단순히 성과를 이룬 사람이 아니라 주변에 막강한 영향력을 행사하는 인물로 도약하게 된다. 내공인이 된다는 것은 한 사회에서 주변에 상당한 영향력을 행사하는 사람이 된다는 뜻이다. 이런 영향력을 굳이 숨기려고 해도 주변 사람에 의해 영향력을 가진 대상이 되어버린다. 내공인은 영향력을 행사하거나 그것을 내세우고 싶어 하지 않지만, 그의 영향력이 자연스럽게 주변으로 퍼져나가는 것을 막을 수는 없다.

마치 향기가 소리 소문 없이 퍼져 나가듯 내공인의 인기와 명성은 멀리 퍼져나간다. 그래서 권력을 추구하지 않더라도 삶 그 자체가 살아 있는 신화가 된다. 업적만으로도 대단한 영향력을 발휘할 수 있지만 여기에 인격까지 더해진 내공인의 영향력은 상상을 초월할 정도다. 그것은 무관(無冠)이긴 하지만 일종의 권력이 된다. 그래서 더더욱 내공인에게는 단순한 일의 성과뿐 아니라 인격 수양이 동시에 요구된다. 때로는 주변 사람이 그런 성장과 발전을 요구하기도 하는데, 그런 요구가 없더라도 스스로 그와 같은 욕망을 갖게 되기 마련이다. 성과를 넘어서 더 높은 세계를 향해 나아가려는 그런 욕망 말이다.

또 다른 의미에서 내공인이 된다는 것은 유명인이 된다는 것을 뜻한다. 모두 가고 싶어 하지만 아무나 갈 수 없는 곳에 도달한 사람이라면 다른 사람의 눈에 특별한 사람으로 비춰질 수밖에 없다. 그러면 당연히 그에 걸맞는 자격을 갖추어야 한다. 이런 점에서 내공인은 계속 정진해야 한다는 의무감도 느끼게 된다. 이는 모든 면에서 자신을 가다듬어야 한다는 뜻이다.

4장

스스로를 마케팅하라

본업에서 상상하기 힘들 정도의 업적을 만들어내는 일이 최고의 마케팅이다. 그런데 이따금 전문가 가운데 미디어의 도움을 받아 자신을 알리는 기회를 잡기도 한다. 하지만 그런 행운의 효과는 오래 가지 않는다. 그런 사람에 대해 고객이 주목하는 시간이 그다지 길지 않기 때문이다. 본인의 실력과 상관없이 뉴스의 초점이 되었다가 얼마 지나지 않아 잊히는 사람을 자주 볼 수 있다.

본업에서의 성공만큼 전문가에게 중요한 일은 드물다. 그러므로 여러 잡다한 일에 시간과 에너지를 투자하기보다는 본업에 집중적으로 투입함으로써 획기적인 성과를 이어가는 사람만이 전문가로서 입신할 수 있고, 이후에도 그 자리를 유지할 수 있다.

물론 별도의 마케팅 활동이 전혀 필요하지 않다는 이야기는 아니다. 실력을 이용한 성과 창출이라는 부분에 대해 어느 누구도 이의를 제기할 수 없다. 그러나 자신의 성과를 내외에 적극적으로 알리는 보조 활동이 필요한 것 사실이다. 전문가로 가는 과정에서 개인 차원의 브랜드를 만들어내는 적절한 활동은 실력과 성과라는 전제 조건이 유지되는 한도 내에서 자기 자신을 알리는 데 효과적일 수 있다.

우선 생각해볼 수 있는 대안은 자신을 알릴 수 있는 기회를 잡으라는 것이다. 활자 매체나 영상 매체에서 스스로 자리매김할 만한 기회를 잡으려면 행운이라는 요소를 배제할 수 없다. 그러나 세상의 대부분 일이 그렇듯 기다린다고 해서 그냥 주어지지 않는다. 스스로 그런 기회를 찾아나서야 한다. 주위를 예리하게 둘러보고 그런 기회를 잡는 데 성공한 사람의 사례를 적극적으로 연구해볼 필요가 있다. 그들이 쓴 인터뷰나 책을 통해 세상에 자신을 드러내는 단계에서 어떤 방법을 사용했는지 관심 있게 살펴봐야 한다. 그리고 그 방법 가운데 어떤 방법을 자신의 것으로 활용할 수 있는지 찾아내야 한다. 이때 일정한 패턴을 발견한다면 큰 도움이 될 것이다. 아마도 그런 기회를 잡는 데 성공한 사람은 각양각색일 것이다. 그러나 그들은 기회를 잡는 데 공통적으로 예리한 관찰력과 민첩함을 가졌다는 사실은 분명하다. 이때는 무엇보다 용기와 적극성이 뒷받침되어야 한다.

단기적인 손익에 관계없이 자신을 알리기 위해서는 성과물을 잘 정리해 주변 사람에게 알리고, 특히 여론에 영향을 줄 만한 위치나 매체 등에서 일하는 사람에게 정확하게 다가가는 방법을 찾아야 한다. 이때 지나치게 저자세로 그들을 대할 필요는 없다. 언론 역시 고객이 원하는 새로운 가치를 만들어내기 위해 뉴스로서의 가치를 지닌 사람을 열심히 찾고 있기 때문이다. 뉴스의 대상이 되기 위해 자신을 지나치게 과장할 필요는 없지만 전문가의 위치에 진입하는 데 성공한 사람은 충분히 자신의 일과 성취를 뉴스 가치가 있는 것으로 만들 수 있다.

반면 내공인의 단계에 진입하는 데 성공한 사람은 큰 노력을 하지 않아도 다른 사람의 흥미를 끌 만한 뉴스를 제공할 수 있다. 이들의 생활 자체가 대중이나 특정 분야 사람의 관심을 불러일으킬 수 있으므로 얼마든지 자신을 마케팅 대상으로 만들 수 있다. 내공인의 경지에 들어간 사람이라고 해서 마케팅 자체에 대해 전혀 신경을 쓸 필요가 없는 것은 아니다. 그러나 일단 내공인의 경지에 들어가면 그 자체만으로 충분히 매력적이기 때문에 별도의 특별한 노력을 기울이기보다는 성과를 통해 계속 자신을 드러내는 것도 좋다.

작품을 선보일 때마다 히트를 치는 사람은 그 자체로 뉴스의 초점이 된다. 그러나 이때 내공인이라고 해서 만용을 부려선 안 된다. 고객에게 특별한 가치를 계속 제공할 수 있을 때만 그 지위를 유지할 수 있고, 무대의 중심에 설 수 있다는 사실을 잊지 말아야 한다. 내공인이라도 그의 성과물에 문제가 발생하면 언제든지 대중의 관심에서 멀어질 수 있다. 무엇보다 다른 사람이 자신을 알

아주는 것 자체를 당연하게 여기지 않아야 한다는 점을 명심하자.

자신을 세상에 드러내는 일이 가장 필요한 시점은 전문가의 경지에 거의 다가섰을 때다. 전문가가 되고 난 다음에도 지속적인 마케팅 활동이 필요하다. 전문가와 내공인에 상관없이 초야에 묻힌다면 더 이상 고객이나 대중의 주목을 받기 힘들다. 그러므로 자신을 끊임없이 입증하고 중심 무대에서 사라지지 않도록 자신을 드러내고 알리는 일을 게을리해선 안 된다. 오늘날은 과거와 달리 대부분의 상품이나 서비스, 작품이 시장을 중심으로 만들어지고 있다. 예술가도 시장에서 작품이 고객의 뜨거운 관심을 받을 때만이 전문가나 내공인의 위치를 유지할 수 있다.

전문가나 내공인은 사람의 관심으로부터 벗어나선 안 된다. 잊히고 나서 그 위치에 재진입하는 일은 생각만큼 쉽지 않다. 전문가나 내공인이라는 자리에 올라서기도 힘들지만 그 자리를 유지해나가는 일은 더욱 어렵다. 고객의 기호가 점점 빠르게 바뀌어가고, 글로벌 차원의 경쟁자가 대거 등장하고 있기 때문에 그런 추세에 발맞추지 못한 채 중심 무대로부터 멀어진 사람은 다시 그 위치로 돌아오기가 어렵다. 전혀 불가능한 일은 아니지만 한번 무대 중심으로부터 밀려나면 다시 진입하는 일은 처음 몇 배의 노력이 든다.

다음과 같은 상황을 가정해보자. 많은 전문가 가운데 누가 사람들의 눈길을 사로잡는가? 물론 실력을 바탕으로 끊임없는 성과를 내는 사람일 것이다. 그런데 그 실력을 적극적으로 주변에 알려지지 않는다면 거대한 정보의 홍수 속에 묻힐 가능성이 높다. 따라서 자신을 적극적으로 알리기 위해 나름대로 방법을 찾아야 한다. 요즘은 과거와 달리 고객에게 직접 다가설 수 있는 홈페이지나 메일 등 여러 가지 도구나 수단이 있다.

1인 미디어 시대의 도래는 전문가나 내공인 스스로가 자신을 마케팅할 수 있는 수단이나 도구, 기술이 증가했음을 뜻한다. 하지만 모두에게 그 가능성이 높아졌기 때문에 자신을 어떻게 차별화시킬 것인가 하는 점이 더욱 중요해졌다. 그래서 실력과 함께 자신을 마케팅하는 능력에 관심을 가져야 한다. 요즘은 누군가의 주목을 받는 것 자체가 재산이 될 정도로 '주목'이 희소 자원이 되고 있다. 정보와 볼거리, 읽을거리가 널려 있다 보니 정보와 재미의 홍수 속에서 자신을 주목하도록 만드는 일이 점점 어려워지는 것이다.

전문가나 내공인의 능력을 물질적 기준이나 인기 등 눈에 보이는 것만으로 판단할 수는 없다. 그럼에도 우리의 뇌리 속에는 서열에 대한 뿌리 깊은 편견과 욕망이 혼재되어 있다. 어떤 분야에서 전문가나 내공인 스스로 누가 일등인지 이등인지 그 잣대를 받아들이기가 쉽지 않다. 각자가 자신의 능력에 대해 지나칠 정도로 높은 평가를 줄 수 있기 때문이다. 하지만 고객이나 대중은 끊임없이 그런 기준을 원하고, 시간이 갈수록 이런 경향은 더욱 심화된다. 아무리 뛰어난 실력이나 성과를 가졌어도 다른 사람에게 그런 사실이 제대로 알려지지 않는다면 자신의 능력에 걸맞는 대접을 받을 수 없다. 따라서 자신을 알리는 일의 중요성은 아무리 강조해도 지나치지 않다.

  실력을 쌓는 일은 내면 계발과 관련되어 있어 비교적 측정하기 쉽고 행하기도 쉽다. 그러나 자신을 다른 사람에게 알리는 것은 변수도 많고 대중의 마음이나 머릿속에 자신을 만들어가는 일련의 활동이므로 통제할 수 없는 부분이 많다. 이런 점에서 보면 실력을 쌓는 일도 힘들지만 고객이나 대중으로부터 "그 사람이 정말 대단하다!"라는 평가나 평판을 얻는 과정도 못지않게 어렵다.

  마케팅이 만들어내는 대상은 눈으로 볼 수 없고 손으로 만질 수 없는 것이다. 직접 확인할 수 있는 것을 만들어내는 일은 비교적 쉽지만 확인할 수 없는 부분을 만들어내는 일은 정말 어렵다. 어쩌면 눈에 보이지 않기 때문에 더욱 힘이 들어가야 하는 일인지 모른다. 전문가와 내공인이 만드는 성과가 제품이라면 마케팅은 예술이다. 어느 쪽이 더 힘들다고 생각하는가? 제품 없이는 마케팅도 존재할 수 없지만, 그래도 잘 만드는 것만으로 충분하지 않다는 사실을 늘 기억해야 한다. 마케팅이라는 예술을 총지휘하고 책임져야 하는 사람은 바로 전문가나 내공인 그 자신이라는 사실을 명심하자.

5장

항상 도약을 준비하라

직업인의 삶에는 점진적으로 개선하는 시기가 있고, 이따금 한 단계를 훌쩍 뛰어넘어 도약하는 시기도 있다. 그러므로 개선 단계와 도약 단계가 마치 날줄과 씨줄처럼 서로 서로 얽히고설킨 상태로 개인의 능력이 성장한다. 이런 과정을 밟아 성장한다는 것은 달리 말하면 우리가 만들어내는 성과 역시 비슷한 모습을 가진다는 뜻이다. 점진적으로 나아지다가 어느 순간 도약하는 식으로 성과가 만들어진다.

거시적인 측면에서 보면 도약기는 대개 10년 터울로 이루어지는 성장을 뜻한다. 한 분야에서 10년 정도 집중적으로 노력하면 실력이 한 단계 훌쩍 뛰어넘는 시기가 오는데, 이 부분에 관한 것은 《10년 법칙》에서 소개했다.

그 후 그다음의 10년 터울을 두고 한 단계 도약하는 현상을 경험을 통해 관찰하게 되었다. 특히 내공인은 꾸준히 성장하는 데 그치지 않고 10년 터울로 한 단계 도약하고, 그다음 10년이 지나면 또다시 도약하는 모습을 보여주었다. 하워드 가드너는 몇 명의 천재적 업적을 남긴 인물을 대상으로 조사함으로써 그 사실을 입증했다. 이 천재들은 당연히 내공인 가운데서도 고수에 해당하는 인물이다.

이처럼 비교적 긴 시간인 10년의 터울로 이루어지는 도약도 있지만 하루, 일주일, 한 달, 일 년 동안에 늘 크고 작은 기회가 다가온다. 앞의 도약기가 미시적인 측면이라고 하면, 뒤의 도약기는 거시적인 측면이라고 보면 된다. 10년 터울의 도약도 일상의 크고 작은 기회를 어떻게 활용하느냐에 따라 얼마든지 시간을 단축할 수 있고 도약의 폭도 훨씬 넓어질 수 있다. 직업인이라면 이런 기회를 절대 놓쳐선 안 된다. 전문가나 내공인으로 입신하는 일은 모두 이런 기회를 어떻게 활용하느냐에 크게 의존한다.

예를 들어 중급 수준의 직업인이 특별한 성과를 만들어냈다고 가정해보자. 반드시 전문가가 아닐지라도 특별한 성과가 특정한 순간이나 환경, 분위기로 인해 고객이나 대중의 눈길을 사로잡는 경우가 생길 수 있다. 이때는 스스로 나서서 자신이 만든 성과를 적극적으로 다른 사람에게 알리는 노력을 해야 한다. 조직 혹은 외부 기관의 흥미를 끌게 된다면 자신을 세상에 드러낼 수도 있다. '굳이 그렇게 할 필요가 있을까'라고 생각하는 사람은 소극적으로 행동할 수밖에 없다. 그러나 '자신이 가진 실력이나 만들어 낸 성과만큼 자신을 세상에 드러내야 한다'고 생각하는 사람은 그런 기회를 놓치려고 하지 않는다. 어떤 판단을 내릴 것인가는 결국 다른 사람의 강요가 아니라 자신이 내려야 할 몫이다. 이런 점에서 평소 마케팅에 대해 어떤 시각을 갖고 있느냐 하는 것이 중요하다. 자신을 알리는 일이 반드시 필요하다고 생각하고 그런 기회가 우연이든 필연이든 주어지면 잡으려는 의지가 있어야 한다.

그리고 좀처럼 잡기 어려운 기회가 왔다고 가정해보자. '지금은 이런저런 사정 때문에 어찌할 수 없지만 다음에는 그런 기회를 놓치지 않겠다'라는 식으로 생각해선 안 된다. 사업 기회이든 자신을 알릴 수 있는 기회이든 다시 찾아올 거라는 기대는 틀린 것이다. 기회가 왔을 때 붙잡아야 한다. 어느 정도 자신의 분야에서 전문가 반열에 올라선 사람도 인생에서 '기념비적인 순간'으로 기억되는 때가 있을 것이다. 나 역시 그렇다. 만약 그때 그 기회를 잡지 못했다면 다음 이야기로 연결되지 않는 그런 순간이 있다.

삶에는 정말 우연적 요소가 많다. 그때 그 사람을 만나게 된 것, 그때 우연히 그 자리에 서 있게 된 것, 그때 그런 프로젝트나 일을 수행하게 된 것 등 기회를 이용해 크게 도약한 사례를 얼마든지 찾을 수 있다. 내 삶에도 그런 작은 기회가 하나하나 축적되면서 전문가의 위치에 다가설 수 있었다. 그런 기회를 떠올릴 때마다 그 기회를 가져다준 운명에게도 감사하지만 그런 기회를 잡기 위해 결단을 내리고 행동으로 옮길 수 있었던 나 자신에게도 감사하게 된다. 나는 "승리하는 것은 습관이다"라는 서양 속담을 좋아한다. 그리고 '기회를 잡는 것 역시 습관'이라고 생각한다.

자신을 한 단계 성장시킬 수 있는 기회는 항상 주어지지 않으며, 그조차 아주 짧은 시간 머물고 사라진다. 이것저것 재어보고 심사숙고할 만큼 충분한 시간이 주어지지 않는다. 그래서 항상 준비되어 있어야 하고, 그런 기회를 본능적으로 잡을 수 있어야 한다. 이때는 평소 기회에 대한 자신의 생각이 중요한 역할을 한다. 우연히 찾아온 기회를 어떻게 잡느냐에 따라 전문가의 반열에 들어서는 데 필요한 시간을 줄일 수 있느냐의 여부가 결정된다.

다른 사람이 알아주는가에 상관없이 조용히 자신의 길을 갈 것인가, 아니면 자신의 실력이나 성과에 걸맞게 자신을 세상에 알릴 것인가, 그 대가로 자신이 누려야 할 부분을 적극적으로 찾을 것인가는 개인의 가치관에 따라 좌우된다. 나는 당연히 후자에 속한다. 알리되 가능한 적극적으로 알려야 한다는 게 내 입장이다. 특히 내공인이 되겠다고 결정한 상황에서는 자신을 알리는 일에 아무런 선입견이나 편견을 갖지 말아야 한다.

도약기는 조용하고 우연하게 다가오는 경우가 많다. 그러므로 늘 자신의 성과를 만들어내는 일에 최선을 다하면서 기회가 오는지 예의주시해야 하고, 기회가 왔다는 판단이 서면 다소 전략적으로 이용할 수 있어야 한다. 자기 주변의 그런 가능성을 포착하고 거기에 시간과 비용, 관심을 투자하면서 차근차근 그 지평을 넓혀가야 한다. 어떤 연결고리로 그런 기회가 자신에게 다가올지 누구도 알 수 없기 때문이다. 전문가로 가는 단계에서 사업 기회이든 자신을 알릴 수 있는 기회이든 그것을 붙잡는 일은 대단히 중요하다.

  전문가나 내공인 모두 기회를 잡아 실행으로 옮기는 행위 자체를 게임으로 생각할 것이다. 그런 게임 자체를 계속 즐기는 사람은 전문가에 머물지 않고 내공인으로 성장하게 된다. 물론 그들은 내공인 가운데서도 초급을 거쳐 중급, 고급 단계를 향해 중단 없이 전진해갈 것이다. 성장하는 사람은 곧바로 기회를 기회로 인식한다. 그리고 그 기회를 긍정적으로 판단하고 적극적으로 붙잡을 줄 안다.

에필로그

'꽉 찬 인생'과
'영원한 현역'을 향하여

우리는 하루 중 가장 많은 시간을 직업 세계에서 보낸다. 아침에 출근해서 저녁에 퇴근하는 여러분의 하루 일과를 잠시 그려보라. 먹고 자고 쉬는 때를 제외하면 거의 대부분의 시간이라 해도 무리가 없다. 우리의 인생도 마찬가지다. 학업을 마치고 난 다음 인생의 황금기를 직업 세계에서 보낸다. 30대와 40대, 그 역동적인 시기의 대부분을 일터에서 보내는 것이다.

때문에 직업 세계에서 대단한 성과와 성취감을 가질 수 없다면 하루는 물론이고 인생에서 성공했다고 할 수 없다. 어디 그뿐인가? 날로 길어지는 은퇴 이후의 삶 또한 직업 세계의 영향을 크게 받는다. 보통 30여 년에 이르는 직업 세계의 길 위에서 삶을 한 단계 향상시키는 데 성공한 사람과 전혀 새로운 길을 찾거나 무료하게 시간을 흘려보낸 사람의 삶의 만족도와 성취도는 훗날 엄청난 차이를 보이게 마련이다.

그래서 여러분과 나는 두 가지 목적 즉 '꽉 찬 인생'과 '영원한 현역'이라는 과제를 두고 고민하지 않을 수 없다. 이 책을 통해서 여러분에게 던지는 인생의 화두는 '프로페셔널(전문가)을 넘어서 내공인으로'이다. 이것은 여러분이 어느 분야에서 일을 하든지 간에 평생의 화두로 여기고 자신을 다듬어가는 데 지표로 삼을 수 있는 야심찬 과제이자 의미 있는 숙제라고 생각한다.

살아가면서 깨우친 사실이 또 하나 있다. 우리가 자신의 직업과 인생에 대한 기대치를 높게 잡는 것이 더욱 멋진 인생을 만든다는 것이다. 혹자는 안분지족(安分知足)이라는 단어를 통해 자신의 욕심을 적당한 수준에서 타협하고 억제하는 것이 좋은 선택이라고 말한다. 하지만 나는 그 의견에 동의하지 않는다. 왜냐하면 우리가 전문가로서 활동하면서 만들어내는 '가치 창조의 능력'은 계발 방법에 따라 무한으로 발전시킬 수 있기 때문이다. 그리고 이런 노력은 대단한 의미를 가진다. 그것은 우리 자신이 세상에 기여할 수 있는 방법 가운데 하나이기 때문이다.

여러분이 전문가의 경지를 넘어서 내공인의 경지에 도달하는 것은 가족이나 지인, 동료와 선후배를 넘어서 사회 전체에 커다란 영향력을 행사할 수 있는 길이기도 하다. 자신의 삶에 대해 높은 수준의 기대감을 가지고 있는 사람이라면 자신의 삶이 현재에 머물지 않고 영원이란 단어와 연결되기를 바랄 것이다. 바로 그런 초대형 인생 프로젝트를 설계하고 있는 사람들에게 이 책이 바람직한 가이드가 되고, 여러분의 삶에 기여할 수 있기를 바란다.

  우리가 모두 한번뿐인 인생을 살고 있다는 사실을 자각하자. 그러면 누구든지 직업인으로서만이 아니라 생활인으로서도 저마다 최고봉에 도달해야겠다는 생각이 들 것이다. 그런 포부는 이제 선택이 아니라 필수가 되어야 마땅하다.

- 참고도서

1 이재규, 《피터 드러커의 인생경영》, 명진출판사, 266쪽
2 Bruce McCall, 'The Most Successsful Writer', 〈The New York Times〉 Book Review, 2002년 9월 29일
3 '활동 중심 목표관리로 영업효율 극대화', 교보 커뮤니티, 2007년 12월 12일
4 제시카 리빙스턴, 《세상을 바꾼 32개의 통찰》, 크리에디트, 566~567쪽
5 이재규, 《피터 드러커의 인생경영》, 명진출판사, 55쪽
6 피터 드러커, 《피터 드러커 자서전》, 한국경제신문, 526~527쪽
7 같은 책, 181쪽
8 도로시 레너드·월터 스왑, 《비즈니스 내공 9단》, 세종서적, 18~19쪽
9 같은 책, 64쪽
10 박정호, '가왕(歌王)' 조용필의 실용정신, 〈중앙일보〉, 2008년 1월 9일
11 네이버 지식iN
12 해피캠퍼스, '무협소설이란—용어 및 권법', 2006년 11월 26일
13 미야모토 무사시 지음, 공병호 풀이, 《공병호, 오륜서의 道를 찾다》, 루비박스, 68~69쪽
14 같은 책, 69~71쪽
15 이용원, '동귀어진(同歸於盡)', 〈서울신문〉, 2007년 1월 3일
16 노나카 이쿠지로·곤노 노보루 《노나카의 지식경영》, 21세기북스, 103쪽
17 스티븐 킹, 《스티븐 킹 단편집(옥수수 밭의 아이들 외)》, 황금가지, 29쪽
18 스티븐 킹, 《유혹하는 글쓰기》, 김영사, 163쪽

19 같은 책, 43쪽
20 진창현, 《천상의 바이올린》, 에이지21, 269~270쪽, 337쪽
21 같은 책, 337~338쪽
22 진창현, "인터뷰: 바이올린 명장 진창현", 혜림커뮤니케이션, WWW.AKYANGM.NET/BBS/
23 Gregory Zuckerman, 'Trader Made Billions on Subprime', 〈The Wall Street〉, 2008년 1월 15일
24 앤드류 그로브, 《편집광만이 살아남는다》, 한국경제신문, 22~23쪽, 53쪽
25 버핏 투자조합 편지, 1966년 7월
26 앤드류 킬패트릭, 《워렌 버핏 평전 2: 투자》, 월북, 162쪽
27 〈포춘〉, 1988년 12월 19일
28 〈포브스〉, 1990년 8월 6일
29 뉴욕 증권분석가협회, 1994년 12월 6일
30 〈파이낸셜 타임스〉, 1999년 5월 17일
31 앤드류 킬패트릭, 《워렌 버핏 평전 1: 인물》, 월북, 208쪽
32 하워드 가드너, 《열정과 기질》, 북스넛, 307쪽
33 스탠 라이, 《어른들을 위한 창의학 수업》 중 '창의성 피라미드' 참조, 에버리치홀딩스, 80~81쪽
34 같은 책, 66쪽
35 트와일라 타프, 《천재들의 창조적 습관》, 문예출판사, 215쪽, 222쪽, 229쪽
36 같은 책, 215쪽
37 대니 메이어, 《세팅 더 테이블》, 해냄, 15쪽
38 같은 책, 116~117쪽
39 같은 책, 325쪽
40 새뮤얼 스마일즈, 《자조론》, 21세기북스, 35쪽
41 리처드 브랜슨, 《내가 상상하면 현실이 된다》, 리더스북, 315쪽
42 잭 니클라우스·존 티겔, 《잭 니클라우스의 골프와 나의 인생》, 김영사, 24~26쪽
43 Hyunsoo Gong, 'How will I live in my life?', Justin Essay, www.gong.co.kr, 2008년 3월 2일

44 빌 클린턴, 《빌 클린턴의 마이 라이프 1》, 물푸레, 6~7쪽
45 앨런 판함, 《위대한 성공 신화》, 크림슨, 47~48쪽
46 톰 켈리 · 조너던 리트맨, 《유쾌한 이노베이션》, 세종서적, 50~51쪽
47 하워드 가드너, 《열정과 기질》, 북스넛, 79~80쪽

KI신서 2187

공병호의 내공

1판 1쇄 발행 2009년 12월 10일
1판 15쇄 발행 2018년 2월 5일

지은이 공병호 **펴낸이** 김영곤 **펴낸곳** (주)북이십일 21세기북스
정보개발본부장 정지은
출판영업팀 이경희 이은혜 권오권
출판마케팅팀 김홍선 최성환 배상현 신혜진 김선영 나은경
홍보기획팀 이혜연 최수아 김미임 박혜림 문소라 전효은 염진아 김선아
제휴팀 류승은 **제작팀** 이영민
출판등록 2000년 5월 6일 제406-2003-061호
주소 (우10881) 경기도 파주시 회동길 201(문발동)
대표전화 031-955-2100 **팩스** 031-955-2151 **이메일** book21@book21.co.kr

(주)북이십일 경계를 허무는 콘텐츠 리더

21세기북스 채널에서 도서 정보와 다양한 영상자료, 이벤트를 만나세요!
페이스북 facebook.com/21cbooks   **블로그** b.book21.com
인스타그램 instagram.com/21cbooks   **홈페이지** www.book21.com
서울대 가지 않아도 들을 수 있는 명강의! 〈서가명강〉
네이버 오디오클립, 팟빵, 팟캐스트에서 '서가명강'을 검색해보세요!

값 12,000원
ISBN 978-89-509-2137-8 03320

이 책 내용의 일부 또는 전부를 재사용하려면 반드시 (주)북이십일의 동의를 얻어야 합니다.
잘못 만들어진 책은 구입하신 서점에서 교환해 드립니다.